CAIO ZIP

O VIAJANTE DO TEMPO

CAIO ZIP

O VIAJANTE DO TEMPO

D. PEDRO II E O JORNALISTA KOSERITZ

REGINA GONÇALVES
REGIS L. A. ROSA

2ª Edição

Rio de Janeiro
2017

Projeto da capa e miolo: Rafael Nobre | Babilonia Cultural | e Vanessa Rosa
Revisão e diagramação: Regis L. A. Rosa

2ª edição - 2017

editoraviajantedotempo@gmail.com www.viajantedotempo.com

CIP-BRASIL. CATALOGAÇÃO-NA-FONTE
SINDICATO NACIONAL DOS EDITORES DE LIVROS, RJ

G629d
2.ed.
Gonçalves, Regina, 1963-
D. Pedro II e o jornalista Koseritz : versão compacta / Regina Gonçalves, Regis Lima de Almeida Rosa. - 2. ed. - Rio de Janeiro : Viajante do Tempo, 2017.
180 p. : il. ; 23cm
ISBN 978-85-63382-63-4
1. Pedro II, Imperador do Brasil, 1825-1891 - Ficção. 2. Koseritz, Carl von, 1830-1890 - Ficção. 3. Brasil - História - Império, 1822-1889 - Ficção. 4. Rio de Janeiro (RJ) - História - Século XIX - Ficção. 5. Ficção histórica brasileira. I. Rosa, Regis Lima de Almeida, 1952-. II. Título.
17-43933. CDD: 869.93
CDU: 821.134.3(81)-3

SÉRIE DE LIVROS
CAIO ZIP, O VIAJANTE DO TEMPO

O jovem Caio Zip é capturado por uma máquina do tempo que o leva a lugares inesperados em momentos decisivos da História mundial.

ESTA SÉRIE BRASILEIRA FOI PUBLICADA POR GRANDES EDITORAS NA CHINA E NA COREIA DO SUL.

CAIO ZIP, O VIAJANTE DO TEMPO

Cada livro da série será seu passaporte para que você faça uma grande viagem no tempo. Sem malas, sem documentos e com Caio Zip, você vai viver em épocas incríveis que vão desde o Antigo Egito, passando por momentos históricos decisivos com Tutancâmon, Ramsés II, Alexandre - o Grande, Aníbal de Cartago, Arquimedes, Marco Polo, Napoleão, os artistas impressionistas, D. Pedro II, Santos Dumont, Einstein, Picasso, Agatha Christie, Chaplin e mais, muito mais.

Caio Zip terá de encarar enigmas que desafiarão a sua mente. Muitas batalhas para lutar e conquistar grandes conhecimentos... Se sobreviver! Mas para sair das encrencas tem de usar o seu maior poder, que mesmo sem perceber ele usa muito bem: o poder da dedução!

Finalmente, você vai ver História, Arte, Filosofia e Ciência combinadas e integradas de uma forma nunca vista. A proposta da série é divertir, educar e atiçar a curiosidade de outro viajante do tempo: o leitor!

CAIO ZIP é um jovem, como tantos outros, que gosta de computador, jogos, séries, futebol e a sua maior paixão: o skate.

Sentindo-se sufocado com os pais cobrando o tempo todo uma melhor nota na escola, Caio foi rondar sem rumo pela internet. De repente, ouviu um *bip*. Era um *e-mail*, vindo sabe-se lá de onde. Caio abriu e leu:

Bem-vindo, caro amigo curioso.

Quem resolver este enigma salvará o ser vivo que mais precisa de ajuda para não ser extinto.

Enigma dos tempos:

De manhã sou inocente
De tarde sou caçador
No outro dia...
Abandono
Tudo e a todos a minha volta.
Quem sou eu?

Resolva o enigma o mais rápido possível!

Caio ficou olhando, olhando, pensando... E, por fim, digitou a resposta e... Zás, sumiu, tragado por uma espécie de túnel do tempo, levado em uma missão involuntária a civilizações do passado, presente, futuro e dimensões paralelas.

Assim começa a série de livros de ficção histórica Caio Zip – o Viajante do Tempo, dedicada a jovens e adultos. São histórias de mistério e suspense que combinam e integram diversos campos do saber, tais como história mundial, arte, filosofia, ciências e muito mais. A proposta da série é divertir, educar e atiçar a curiosidade de outro viajante do tempo: o leitor!

Caio Zip participa de descobertas e de momentos decisivos da História Mundial. A cada aventura vai amadurecendo e aprendendo que, para sair das encrencas, tem de usar o seu maior poder, que mesmo sem perceber ele usa muito bem: o poder da dedução!

Pelo portal do tempo, Caio Zip avança a seu destino.

Próxima aventura:

D. PEDRO II E O JORNALISTA KOSERITZ

SUMÁRIO

Se eu não fosse imperador, desejaria ser professor. Não conheço missão maior e mais nobre que a de dirigir as inteligências jovens e preparar os homens do futuro.

D. Pedro II

1. Navegando Rumo à Corte Imperial

A névoa azulada, com um brilho ofuscante, contrastava com o horizonte limpo que prometia um destino sem fim. Principalmente quando contemplado sobre um mar esverdeado e emoldurado, ao longe, por um interminável filete de terra acobreada e pontilhada de vasta vegetação.

Foi essa a primeira impressão de Caio Zip ao olhar por detrás de uma fileira de cadeiras acomodadas em uma área descoberta por onde um vento frio trafegava. O jovem, pouco agasalhado, procurou enterrar o fino boné nos seus cabelos castanhos desgrenhados da melhor forma possível e tratou de esconder suas mãos avermelhadas debaixo do braço. Esfregou com força os olhos castanhos ainda despertando para o novo dia.

Um barulho forte de um apito estridente o atraiu. Lá estava uma imensa chaminé metálica alastrando uma densa fumaça branca embrenhada entre longos mastros de madeira. O ruído abafado dos roncos da máquina a vapor marcava um compasso constante, cortando o silêncio do oceano. Vários marinheiros encontravam-se espalhados no convés, mas como estavam entretidos nas suas tarefas rotineiras nem se deram conta daquele jovem clandestino. Calmamente, o viajante acidental estava ali vagando perto da amurada e aproveitava também para encher os pulmões que relutavam em tragar por completo aquele ar tão puro, aquele ar tão estranhamente transparente. O movimento lento da grande embarcação provocava a ebulição de uma espuma branca e também a formação de anéis de ondas. Do oceano liso cintilavam infinitas estrelas projetadas pelos primeiros raios de sol. Golfinhos acinzentados escoltavam a embarcação e, vez ou outra, davam saltos e cambalhotas convidando para a brincadeira.

Alguns passageiros começaram a transitar pelo convés inferior. Caio Zip reparou que se dirigiam ao restaurante do navio para tomar o café da manhã. Eram homens, mulheres e crianças com roupas simples. As mulheres, bem agasalhadas, usavam vestidos que se arrastavam pelo chão, encobrindo sapatos cobertos com tecido. Seus cabelos eram penteados como regia a moda do final do século XIX, e seus chapéus de laços estavam amarrados ao pescoço. Algumas com roupas mais simples cobriam seus cabelos maltratados com lenços na cabeça. As crianças pequenas eram quase que arrastadas pelas mãos fortes dos pais que as obrigavam a ir em frente, enquanto suas cabeças distraídas se viravam para todos os lados tentando seguir com olhinhos curiosos a agitação dos garotos maiores correndo pelo convés.

Sem ninguém perceber, Caio pegou "emprestado" um casaco de lã, longo até os pés, deixado numa das espreguiçadeiras ao seu lado. Enquanto caminhava para junto dos transeuntes, foi ajeitando da melhor forma possível as compridas mangas que insistiam em cobrir por inteiro suas mãos. Ao chegar ao restaurante, logo, sentiu o cheiro do pão quentinho. A mesa no centro do salão estava repleta. Sem cerimônia, serviu-se de ovos quentes, bolo de chocolate, torradas na manteiga e um pouco de geleia. Acomodou-se numa mesa ocupada por um casal que viajava acompanhado por uma menina de tranças, muito agitada. Entre uma torrada e outra, Caio e a família foram conhecendo-se.

– Buongiorno, ragazzo! Siete un amico di nostra Sofia? – perguntou a mãe para Caio, que, engasgado, não respondeu.

– Piacere! Mi chiamo Guido e questa è mia moglie Nina. Parlate italiano? – Caio acenou negativamente para o pai curioso, que passou a falar uma mistura de português com italiano. – Io non le tinha visto intorno. Tu stavas tutto questo tempo en su cabina, é vero? – o garoto deu um sorriso confirmando.

– Che peccato! – comentou a mãe, cortando uma boa fatia de pão para a filha e então se esforçou em falar português. – Io também no stava me sentindo bene. Questi viaggi non son per qualquer uno. Notaste che la maioria no veio mangiare? Também, Dio mio, con la comida de ontem, no jantar, foi orribile. Il pesce con quel ostra amarela e grudenta ma il molho marrom esparramado em cima con un odore estranho tutto misturado con...

Durante as indigestas descrições, Caio começou a reparar no vai e vem do navio que obrigava tanto os passageiros como os pratos em cima da mesa a seguirem o embalo sem fim... No mesmo instante, sentiu os efeitos turbulentos no seu estômago embrulhado. Sem escolha, o enjoado, segurando a boca com as duas mãos, saiu na maior disparada, quase derrubando a cadeira.

– Povero ragazzo! – lamentou a mulher ao marido. – Credete che il povero ragazzo si recuperi fino a tempo del pranzo?

Caio ainda estava dependurado nas grades da amurada despedindo-se do seu café, quando, de repente, um enorme estrondo soou. A explosão fora tão violenta que num só golpe lançou o rapaz ao mar. Depois do impacto na água, quase inconsciente, foi afundando naquela imensidão tenebrosa... Mas, ao sentir seu ar esvaindo-se, começou a agitar-se e, concentrando as forças que lhe restavam, foi escalando as toneladas de água que o separavam da superfície. O desespero foi aumentando. Quanto mais tentava lutar para escapulir daquele caixão de água, maior era a sensação de peso e de distância. Quando já estava no último fôlego, conseguiu finalmente retornar à tona. Como cuspiu com vontade aquela água salgada! Como fez questão de embebedar seus pulmões com aquele ar revigorante! A sensação de euforia, infelizmente, durou pouco, pois, ao virar-se para trás e avistar o navio, ficou assustado.

A bordo do navio se instalou um alarme geral. Um pequeno incêndio alastrava-se pelo convés. A maioria das pessoas que estava nos seus camarotes pedia por socorro. Os marinheiros, demonstrando experiência, corriam de um lado para o outro. Formaram-se grupos compostos por mulheres e crianças para serem acomodados numa área afastada da fumaça que invadia o tombadilho. Imediatamente, o capitão distribuiu ordens para que o foco do incêndio fosse debelado.

Foi somente quando a situação estava sob controle que alguém avistou o rapaz no mar e alertou os outros passageiros. Caio já se encontrava exausto por ficar tanto tempo lutando em desvantagem contra o grande oceano. Dois marinheiros largaram um salva-vidas amarrado com uma corda. O náufrago, nas últimas forças, nadou como pôde para agarrar-se nele. Com uma salva de palmas regressou ao navio à deriva. Um homem corpulento, baixo, de rosto rosado, com um espesso bigode e usando uns pequenos óculos, foi o mais prestativo, cobrindo o quase afogado com um cobertor. Enquanto isso, um som grave e metálico vindo dos porões ecoou pela embarcação sofrida; a isso se misturaram os gritos dos marinheiros em prontidão. O filete de óleo que derramava expunha a ferida aberta da embarcação e estendia um rastro de fogo sobre as águas agora enegrecidas. Aos poucos, o fogo foi extirpado e o capitão reportou aos passageiros, ainda assustados, que a viagem teria somente algumas horas de atraso.

– Isso é um absurdo! – revoltou-se um homem de cabelos grisalhos, fardado. – Minha tropa me espera no porto de Santos.

– Entendo sua insatisfação, major Ávila – o capitão, meio sem jeito, tentou contornar a situação. – Posso dar a minha palavra que faremos tudo para resolver essa situação imediatamente. Por favor, aceite minhas desculpas por esse lamentável incidente. Por favor, aceite também o meu convite para um almoço especial. Enquanto isso, enquanto estivermos providenciando os reparos, apreciem as costas de Santa Catarina e...

– Afinal, o que aconteceu? – indagou o homem que socorrera o jovem desamparado, segurando um bloquinho de notas.

– Uma das caldeiras explodiu, mas não há nada para se preocupar...

O murmúrio de desaprovação geral era tão intenso que abafava as mirradas explicações do capitão, até que um homem, com trajes simples, usando uma boina e um lenço amarrado no pescoço, foi ao centro e tomou a palavra.

– Mama mia! – bradou o italiano, agitando as mãos no ar. – Che significa questo? Ascolti! – as broncas do pessoal não cessavam até o italiano perder a paciência de vez. – Calados! – tanto os passageiros como o grupo da tripulação ficaram imóveis. – Assim sta melhor. Gente, non adianta nada questo desespero. La disgrazia sta fatta. Che tal usar questa agitazione de outra maneira? Che tal... Che tal una danza?

O animado italiano aproveitou que todos estavam ainda confusos e sacou sua sanfona de um canto ali perto. Gesticulou chamando seus patrícios e os reuniu num círculo preparando-os em sigilo. Sem que ninguém esperasse, uma música feita de vozes afinadas, de delírios, foi tomando conta do lugar. Uma espécie de coceirinha, rapidamente, foi espalhando-se por entre os presentes fazendo com que todos a bordo se esquecessem de suas mazelas.

A tarantela, a música mágica, reproduziu, como na sua lenda, uma febre causada por uma picada de uma tarântula provocando anseios por danças e cantos. Casais foram se formando como autênticos bailarinos e gradualmente o ritmo italiano acelerou. A alegria fez com que a flauta de um passageiro francês combinasse com a gaita de marinheiros brasileiros. As violas dos portugueses foram temperadas com as castanholas dos espanhóis. Tudo isso foi incrementado com as palmas e as batidas dos pés dos senhores fazendeiros e políticos seguidos por suas tímidas esposas, mas sorridentes.

2. O Clandestino

A dança foi seguindo seu curso. Caio, como os outros, estava indo bem nos movimentos e passes que uma italiana o ensinara, mas, num certo momento, o jovem interrompeu sua dança ao perceber que havia um homem mais recuado, que não se deixava contaminar pela festa. O senhor distinto apreciava o horizonte, encostado na amurada, escrevendo em um bloco de notas. Era o mesmo senhor que o havia socorrido e que, agora, parecia completamente enfeitiçado por aquela paisagem. Por algum tempo, essa cena não se alterou até que finalmente o homem cismou de falar ao vento.

– Existe um incrível encanto no cenário sempre movimentado das montanhas que se revela a mim em toda a sua beleza. Tempo soberbo, mar liso como um espelho, brisa fresca... Assim percorremos essa intricada parte da viagem ao Rio de Janeiro.

Ao notar que estava sendo observado, o homem deixou suas anotações de lado.

– Olá, rapaz! Cansou de dançar? – Caio permaneceu imóvel. – Seu dia, realmente, está sendo muito agitado, não é? É sempre assim ou, de vez em quando, você lembra de respirar? – Caio achou o senhor engraçado e aproximou-se. O sujeito prosseguiu. – Imagino o que ainda lhe espera já que o dia está apenas pela metade. Não sou homem de jogatina, mas seria capaz de apostar que você tem muitos dias como esse – Caio estranhou aquela ideia insistente. O homem de ar astuto lançou sua conclusão. – A vida de um clandestino é sempre emocionante.

– Clandestino? O que faz pensar que sou...

– Calma, rapaz! Não tenho intenção nenhuma de denunciá-lo e, mesmo se quisesse, no meio desses seiscentos passageiros, seria fácil a você ocultar-se.

– Mas como?

– Como descobri? Ora! Por três boas questões que acabei de solucionar com a ajuda do meu velho companheiro que sempre me ajuda nessas horas – Caio olhou em volta espantado, pois não havia ninguém próximo aos dois. O homem riu e esclareceu. – Estou referindo-me ao meu velho amigo que me acompanha e me trouxe para essas terras. Que me carregou nas suas majestosas costas, enfrentando uma noite de terrível tempestade, quase beirando ao naufrágio. Que fez parte da jornada de um jovem vindo da Alemanha, deixando seus pais... Ah, meu velho amigo, o mar! – como que atraídos por algo naquelas águas cintilantes, os olhos do homem começaram a vagar em profundas lembranças. A voz embargada do velho alemão tratou de lançar ao vento a emoção do jovem de outrora. – Sob temível tempestade em total escuridão, nós, jovens bravos soldados alemães, navegamos nas incertezas. O barco a vapor que nos trazia cortava essas mesmas águas que, em tempos passados, não nos foram nada convidativas. As ondas raivosas castigavam a nossa ousadia de desbravar um novo horizonte, fazendo-nos perder o leme. O vento urrava sua ira quebrando os nossos dois mastros e tentava incansavelmente arrasar nosso espírito. Não conseguíamos buscar a luz de um farol e nossas esperanças estavam à deriva. Mas eis que surge a vontade de sobreviver que nos reergue e nos une. Com todas as forças, com a ajuda de um leme improvisado, conduzimos a máquina a vapor gemedora à terra de Desterro. O temporal teimava em engolir-nos e as trovoadas ressoavam em nossas jovens mentes como a morte a anunciar sua fria presença. Foi uma noite de horror e de puro desespero. Um tempo que me marcou pelo resto da minha vida. Hoje, estou aqui, nessas águas, agora, calmas e sem nenhum vestígio da noite tenebrosa, a pensar naqueles meus companheiros. Estou a recordar principalmente o doutor Kahleis que, sem duvidar de sua competência em um só momento, cuidou de nós, encharcados até a alma e mortos de cansaço. O bom médico já morreu e os meus amigos soldados, heróis daquela noite, dispersaram-se em todas as direções. E o mundo, que dá tantas voltas, não conseguiu fazer com que eu e meus amigos nos reuníssemos novamente. Agora, estou aqui a navegar por esse mar e já se passaram 34 anos. Como era moço não pensava no futuro. Não podia aquela cabeça despreocupada imaginar que, depois daquele temporal, eu deixaria para trás a minha Alemanha e abraçaria a minha nova pátria, fixando-me no belo Rio Grande. O mar é um excelente companheiro que, de um jeito muito tempestivo, murmurou qual seria o meu destino. Cheguei aqui como canhoneiro do 2º regimento de artilharia e, agora, vejo que temperado com muita dor e determinação conquistei novos amigos e uma linda família. Hoje, se surgir em nossa viagem nuvens pesadas anunciando outro temporal, isso não me desanimará. Um indomável temporal foi meu camarada na juventude, assim também é esse velho mar que me carrega e hoje tem fala macia.

– Ah, o mar? – murmurou Caio, encostando-se de costas à amurada, agasalhando-se bem com o cobertor. – Eu também gosto da sua companhia... Ficar olhando pra ele. Ele me ajuda a pensar. Mas, ultimamente, não tenho tido muita sorte com ele. Sabe, essa é a segunda vez que caí de um navio e, nas duas vezes, os abraços profundos e sufocantes do amigo mar me deixaram sem fôlego – o comentário de Caio provocava risos no homem. – Porém, diga-me: que três questões eram aquelas que o senhor estava falando?

– Simples! Um garoto cai no mar e nenhum parente aparece sentindo sua ausência? Um garoto ensopado que nem cogitou a ideia de trocar-se na cabine? E...

– E?

O homem, rindo, colocou as mãos no ombro do rapaz e retirou o cobertor do quase afogado.

– Esse meu casaco não está um pouco grande em você?

Antes que Caio demonstrasse alguma reação, o desconhecido sorriu e, batendo levemente nas costas do constrangido, esticou a mão.

– Eu sou Carl von Koseritz. Todos me chamam de Koseritz.

– Eu sou Caio Zip. Pode me chamar de Caio.

– Ah, Gaius! Adoro nomes latinos, principalmente quando me lembram nomes de grandes homens como Gaius Julius Caesar.

– É isso mesmo. Minha mãe escolheu esse nome porque ela estudou História e especializou-se em Roma, Egito, Cleópatra, Júlio César...

– Eu também gosto muito. E, por falar em sua mãe, onde ela se encontra?

– Bem... – pausou Caio, procurando uma resposta honesta. – Minha mãe não está viva.

– Lastimo em saber. E você tem alguém?

– Estou sozinho por esse tempo.

– Ah, mas sendo jovem deve saber usar bem o tempo. *Praeteritum tempus numquam revertitur.*

– *Praeteritum*? – repetia Caio, completamente voltado a seus pensamentos. – *Lembra a palavra pretérito, então, deve ter algo a ver com passado.* Bom, *tempus* é tempo. *Numquam* parece uma negação, parece a palavra nunca. *Revertitur* deve ser reverter. Passado tempo não reverter... Espera aí. Não faz sentido. Tempo passado nunca reverter, reverter... Retroceder... – vibraram os olhos do decifrador. – Ah, já sei. Tempo passado nunca volta!

– Hum! – ficou o homem impressionado. – Seu latim parece enferrujado, para não dizer péssimo, mas pelo jeito seu raciocínio ajuda-o bastante.

– Bom, eu tento.

– E essa é uma das duas melhores virtudes.

– E qual é a outra?

– Nunca se dar por vencido – empunhou o alemão com a mão no ar.

– E disso eu sei. Se caio, levanto, principalmente se for caindo na água.

– Isso mesmo, Caio. Viu! Sua mãe acertou direitinho no seu nome, não? – os dois ficaram rindo, até que uma jovem, vinda da roda, aproximou-se. – Ah, minha filha! Venha cá.

A garota, encarando o jovem, estranhou-o.

– Essa é minha querida Carolina – apresentou Koseritz, bem orgulhoso.

– Muito prazer! – Caio ficou sem fala, impressionado com a voz suave da garota, que ajeitava os cabelos dourados e cacheados que emolduravam o rosto branco de bochechas rosadas. Ela, um pouco arisca, prosseguiu. – Esse não é o seu casaco perdido, pai?

– Ele não está mais perdido, querida, ele achou o meu novo amigo e assistente.

– Assistente? – exclamaram os dois jovens.

– Ora, Caio! Ainda não descobriu o que faço?

– Você é um detetive?

– É, não deixo de ser! Eu sou um investigador que persegue os fatos, procurando a verdade onde ela estiver para relatar aos meus fiéis leitores. Sou um jornalista. Eu e minha filha estamos a trabalho. Nós estamos numa missão: ir ao Rio de Janeiro e levar os problemas que afligem o povo da colônia alemã do Rio Grande do Sul para ser discutidos com Dom Pedro II.

– Dom Pedro II! Vocês conhecem o imperador?

– Meu pai já esteve em sua companhia em outra viagem que realizou para a corte – Carolina tentava disfarçar a todo custo seu rosto tímido. – Esta é a minha primeira vez.

– E, então, Caio? Você me parece um jovem bem curioso e bem independente. Faz recordar-me da minha juventude. Eu também decidi deixar tudo e seguir o meu destino. Gostaria de ser nosso parceiro nessa empreitada ou você tem outros planos?

– Ah? – Caio não conseguia desviar sua atenção dos olhos verdes transparentes da jovem. – É claro! Claríssimo!

Enquanto os três trocavam ideias, o conserto do barco a vapor era concluído. Os passageiros, agora mais animados, seguiram a longa viagem. Aos poucos, algumas pessoas foram desembarcando. Umas desceram no porto da província de Santa Catarina, cuja paisagem cortada por montanhas era das mais belas do mundo, segundo o jornalista. Por toda a costa até a barra, estendiam-se plantações. As ruas perto do porto eram mal calçadas, mas limpas e muito movimentadas.

Depois de mais dois dias, outras pessoas desembarcaram na província do Paraná. O belo porto da pequena cidade de Antonina, com suas imponentes cadeias de montanhas, lembrou à Carolina uma verdadeira paisagem suíça. Ela e o pai acreditavam que aquela cidade bem tratada teria melhor futuro se obtivesse do governo uma verba para a construção de uma estrada de ferro e, assim, poderia competir com sua rival, a cidade de Paranaguá, que, naquele mesmo ano, foi beneficiada com a inauguração da Estrada de Ferro Curitiba-Paranaguá, a primeira ferrovia do estado do Paraná.

Caio e seus novos companheiros alugaram um bote e foram para o cais. A maré baixa revelou a lama que no sol forte atiçava os urubus. Guiados por um conhecido de Koseritz, o Sr. Rosch, os três dirigiram-se para a hospedaria da velha Rosskamm, uma casa frequentada por alemães desejosos de deliciarem-se com a excelente cerveja de Morretes, que o amigo Rosch pretendia ser o único preservativo contra a febre palustre, e Koseritz chamava de "puro e verdadeiro malte nacional". Infelizmente, naquele dia, por falta de gelo, o pessoal, sedento e desesperado com o calor, teve de contentar-se apenas com uma cerveja fresca.

O jornalista, cujo jornal era bem conhecido na região, mesmo tentando manter-se incógnito, foi reconhecido e acabou gastando horas com seus leitores numa conversa embriagante sobre os problemas da região e a política do Império. Estavam especialmente preocupados com o abastecimento de água na cidade, que dependia praticamente da fonte da Carioca. A fonte ficou famosa porque, em 1880, a cidade recebera a visita de D. Pedro II, que lá descansara e também aproveitara para se refrescar e beber do único local onde corria água fresca.

Regressaram à tardinha e o navio zarpou, cortando mais águas verdes e espelhadas. A noite chegou cobrindo-se com um manto estrelado. Mais alguns dias se passaram e os passageiros, distraindo-se com danças, jogos ou escrevendo para os familiares, chegaram à baía de Santos. A cerveja de tonel tão sonhada pelo jornalista alemão estava em falta na cidade, e ele, muito decepcionado, precisou contentar-se novamente com uma pinga de sabor quente. Um bote vindo de um forte da região, a Fortaleza da Barra, tratou de apanhar o velho major Ávila, que estava ali para tomar posse do comando.

Na última manhã da viagem, o grupo pôde degustar o panorama das praias de Parati, célebre pela sua aguardente, mas que não satisfez o sedento e já irritado alemão. Na hora do almoço, servido às 9 horas, todos saborearam o Pão de Açúcar, o marco final da sua demorada excursão. Avistaram a remota e bela praia de Copacabana, a praia vermelha, depararam-se com o hospício D. Pedro II... Lá no alto, o bairro de Santa Teresa destacava-se.

O navio aportou e desceu a pesada âncora na baía. Lanchas a vapor vieram recepcionar o ministro da guerra, amigo do alemão, que estava a bordo. Proveniente do forte São João, uma banda tocava alegres marchas para o nobre colega. Um oficial, o anfitrião do ministro, ofereceu uma lancha a vapor para o grupo do jornalista e um bote exclusivamente para sua bagagem.

Apesar de sua filha ter arranjado um carregador, Koseritz, já experiente das últimas vezes que viera à capital, providenciou o despacho das grandes malas pessoalmente sem deixá-las um só momento longe da sua vista.

Como em todos os portos, Koseritz sempre se empenhava na busca de um telégrafo para enviar suas impressões da viagem e principalmente sua saudade à esposa, suas outras três filhas e amigos do Sul.

3. Rumo ao Hotel Vista Alegre

Antes de alugarem uma carruagem, o alemão levou sua filha e Caio para prestigiarem a casa Muller & Petzold, em frente à Bolsa de Valores, no centro do Rio. Todos os seus amigos haviam já comentado sobre os belos conventos, as ricas igrejas ali nas redondezas, mas também, como não poderia deixar de ser, imploraram ao jornalista que prometesse experimentar o "leite Culmbacher", essa admirável cerveja alemã de tonel. O sol forte provocou mais ainda a sede insaciável do velho alemão, e o tonel de cerveja depositado no gelo, dessa vez, tampou de vez os desapontamentos anteriores.

Carolina e Caio aproveitaram para tomar refrescos e apreciar o movimento da multidão de apressados que, entre os inúmeros empurrões, desviava das grandes carruagens trafegando nas estreitas ruas povoadas por mendigos e cachaceiros.

– Aqui, pulsa a vida do Império – observou o jornalista, tomando mais um gole da caneca espumante. – Quem quiser saber onde se concentra o comércio alemão e inglês basta pegar uma rua paralela à do Ouvidor, a rua do Sabão. Mas, aqui, na rua do Ouvidor, é fácil esbarrar nos homens que governam o país e os que conduzem a opinião pública. Quem quiser conhecer a maneira que o Brasil é governado, basta passear por essa rua. O Rio de Janeiro é o Brasil, e a rua do Ouvidor é o Rio de Janeiro.

– O Rio é estranho! – Carolina reparava no movimento dos ambulantes. – Há tantas livrarias, lojas de objetos de arte, joalherias, tantas vitrines de luxo. Olhe aquela chapelaria, por exemplo. Veja aquelas luvas! São lindas! Devem ser os últimos lançamentos da Europa.

– Eu nunca vi uma loja tão colorida! – animou-se Caio, esticando o pescoço para ver melhor uma casa de frutas mais adiante. – Adoro tangerinas.

– Como? – estranhou o alemão, observando a fruta indicada pelo novo assistente. – Ah essa! Lá no sul a chamamos de bergamota.

– Pai, olhe aquela vitrine ali! – surpreendeu-se Carolina ao mirar seus olhos incrédulos para uma montanha de moedas de ouro e prata e mais pilhas de notas de dinheiro de vários países. – Que loja é aquela?

– Aquela, minha querida, é a loja de câmbio.

– Uau! – empolgou-se Caio. – Já viu quanta gente parada na frente?

– Verdade! – concordou o jornalista, acenando a cabeça. – Os pobres diabos parecem até que vão engolir todo aquele ouro com os olhos!

– Como as vitrines são brilhantes, mas... – entristeceu-se a filha. – Que contraste com essas ruas tão estreitas e sujas. E como tem gente apinhada.

– Movimento colossal, eu diria, minha filha.

– É... – murmurou Caio. – E, no futuro, vai ser pior.

– Galegada! – gritava um rapazinho, cortando a conversa dos três visitantes. – Olha a Galegada! Cem réis! Pegue o seu jornal!

– Corsário! – gritava o outro rapazinho concorrente. – Este é muito melhor! Comprem! Comprem! Saibam as últimas do imperador.

– Jornal do Comércio! – anunciava um jornaleiro mais apressado. – Quarenta réis com notícias fresquinhas de ontem.

– Engraxate!

– Fruteiro!

– Compre, senhor! – insistiu um homem moreno de calças curtas e pés descalços, ajoelhando-se perto do alemão. – Compre o bilhete da sorte. Sua vida vai mudar.

– Vamos! – decidiu Koseritz, apressado, deixando algumas moedas na mesinha. – Essa gritaria dos pequenos jornaleiros, dos tentadores ambulantes e dos engraxates já estava me incomodando, mas esse agarrador de pé já é demais.

– Mas, papai! Só estamos aqui há uns minutos, nem acabei de beber.

– Ah, minha filha, prometo que, depois de descansar, voltaremos, porém, agora, se eu continuar aqui, certamente, vou ficar surdo com essa vida da capital do Império. Esse vai e vem das carroças e o rolar de bondes ainda vá lá, mas essa propaganda de boca sem fim me deixa louco.

– Vamos pra onde? Ops! – perguntou Caio, entornando desastradamente o resto do refresco na mesa.

– Vamos para o hotel – disse Koseritz, coçando a cabeça. – O difícil vai ser achar a linha de bonde para Santa Teresa. Há linhas de bondes em todas as direções. Não creio que exista outra cidade no mundo com tantas linhas.

– Nós vamos viajar nesses bondes puxados por mulas? – assustou-se Carolina. – Mas estão lotados! Assim vamos demorar muito para chegar ao hotel.

– Só faltava essa – resmungou Caio, reparando nas mulas travando o trânsito em praticamente todas as ruas dos arredores. – Além de lotados, vamos ter de enfrentar um empacamento de bondes!

Os três visitantes seguiram viagem em um bonde que subiu pelo Plano Inclinado por meio de cabos. No caminho, os três ficaram admirando a construção de um elevador no Corcovado, onde também seriam instaladas novas linhas de bondes para aliviar o pesado tráfego animal. Após subirem a montanha e tomarem o terceiro bonde com quatro mulas, atingiram Santa Teresa.

– Não está muito longe do centro? Assim, gastaremos muito em condução.

– Sim, minha filha, mas, pelo menos, aqui estamos longe da confusão das...

– Das lojas! – lamentava a jovem com a mão apoiada no queixo.

– Sim, estaremos longe das tentadoras futilidades, mas o que eu ia dizer é que também estaremos afastados do perigo que assola a cidade, a febre amarela.

– E, aqui, no alto, estaremos salvos?

– Bem, pelo que sei, até hoje, não foi registrado nenhum caso nessas redondezas.

– E o governo tem feito alguma coisa? – questionou Caio.

– Apesar dos esforços do governo em extinguir os focos dessa doença, o calor e os problemas sanitários são fatores favoráveis ao pleno desenvolvimento da febre.

– Pai, se a gente ficar doente? Essa febre mata!

– Como mata? – alarmou-se Caio. – Ainda não acharam a cura nessa época... – pausou o rapaz ao reparar que estava sendo observado com estranheza tanto pelo jornalista como pela filha. – Nessa época de avanços científicos?

– Vocês dois podem ficar tranquilos – esforçou-se o alemão, tentando acalmar os dois preocupados. – Os hospitais do Rio têm fama de ser limpos e providos de laboratórios equipados com os mais avançados aparelhos. Tudo isso é guarnecido pelo imperador. Conta também com médicos experientes e estudantes com as cabeças cheias de novas e eficientes ideias afloradas por homens como Darwin e Pasteur.

– Eu não sei se estamos seguros – lastimava a jovem. – Tem certeza, pai?

– Bom, embora com todas essas vantagens, receio que o melhor é tentar prevenir, pois sei que, nesta época, os corredores de todos os estabelecimentos de saúde encontram-se lotados com centenas de pobres esperando por uma consulta.

Carolina manteve-se tensa no resto do percurso, mas acabou por deixar aquela aflição de lado logo que avistou o hotel no topo do morro, cujo estilo lembrava um chalé suíço, guarnecido de três andares. Ao entrar no quarto, ficou radiante com as paredes brancas decoradas com quadros pintados a óleo retratando paisagens do Rio. Caio, sem cerimônia, tratou de jogar-se na cama macia coberta por uma colcha branca bordada, mas sua curiosidade o fez levantar-se e aproximar-se de uma porta de vidro com veneziana. Ao abri-la, descobriu a maior das surpresas: lá estava escondida uma varanda de madeira que lhe reservava um lindo visual das águas verdes da baía, cercada de uma vegetação densa e selvagem. Os olhos de Carolina foram atraídos para aquela paisagem assim como os de Caio, que insistiam em manterem-se arregalados, enquanto seu rosto virava para todos os cantos.

Daquele pequeno quarto do final do século XIX, surgia, ao longe, com cores surreais, toda a cidade de Niterói. Era lindo ver a praia de Icaraí com seus chalés suíços, as fortalezas instaladas na entrada da baía, o Pão de Açúcar e o Corcovado, enfim, todos os arredores do Rio que pareciam ainda pouco tocados pela mão do homem. Diversos barcos estavam ancorados na baía, inclusive um baleeiro que acabara de arpoar mais uma das baleias que transitavam pela costa do Rio de Janeiro, e, perto deles, havia um grupo de golfinhos que teimava em fazer piruetas. Grandes barcas a vapor, de projeto estadunidense, faziam a travessia do Rio a Niterói.

– Demais! – gritou o rapaz do futuro boquiaberto. – Nunca pensei que fosse assim! Que diferença!

O ar puro exalado das matas trazia lembranças do Rio Grande à jovem interiorana. Ficou mais deslumbrada ao perceber que estava cercada também por todas as comodidades modernas, tais como banheiro com água quente, chuveiro, ligação telefônica com a cidade, campainhas elétricas e serviçais gentis e atenciosos.

– Gostou, minha filha? – indagou Koseritz, abraçando a filha. – Só me hospedo neste hotel porque os preços são razoáveis e também porque, aqui, posso encontrar meus amigos escritores e jornalistas. Mas tenho de confessar que o que me atrai mesmo para este lugar é...

– Sei, pai – cortou a filha, dando um forte abraço no pai sem desviar os olhos da vista. – Também concordo. Essa terra, essa paisagem, é maravilhosa!

– Bem... – engasgou o alemão. – Na verdade, eu ia dizer que o ótimo estoque de cervejas do hotel é a grande razão de estarmos aqui, minha querida.

Seguiram-se horas e Caio ficou divertindo-se na sala de jogos, até o amigo alemão chamá-lo.

– Vamos lá?

– Vamos? Aonde vamos? – questionou Caio, abandonando o jogo de gamão com um garoto alemão que acompanhava o pai em sua estada no Rio.

– Preciso aproveitar esse final de tarde para ir à Casa da Moeda e, depois, ao Ministério para marcar uma audiência com D. Pedro.

– Mas o que vamos fazer na Casa da Moeda?

– A Casa da Moeda é um instituto de primeira ordem, único na parte sul do nosso continente. É dirigida por um ilustre engenheiro gaúcho, Dr. Sobragí, que espera minha visita há vários dias, desde que o avisei por telegrama da minha vinda. Espero que eu consiga fazer tudo que programei, pois tenho pouco tempo para me demorar nesta cidade. Devo regressar ao nosso belo Rio Grande o quanto antes. Não posso deixar o meu jornal às moscas.

– Não tem ninguém por lá? Um diretor, outro jornalista?

– Caio, você está na frente do diretor, fundador, jornalista, redator, tipógrafo, tradutor, ilustrador e, às vezes, o homem da limpeza.

– Só isso?

– Bem, a única coisa que não faço é o serviço de distribuição e vendas.

Isso eu deixo a cargo de meus sócios mirins, os meus jornaleiros. Agora, vamos?

– E Carolina, ela não vai conosco?

– Estou evitando que ela vá. Certamente, serei assaltado se ela for.

– Como? – Caio ficou intrigado.

– Existem mais de quatrocentos mil habitantes aqui, os crimes armados são poucos, mas... – o alemão respirou fundo e retomou. – Mas estamos à mercê de algo muito pior.

– Do que está falando?

– Ora, Caio! Estou falando dos comerciantes! – Koseritz parecia realmente preocupado.

– Mas que comerciantes?

– Mas, então, não viu? Não conheceu hoje as lojas da rua do Ouvidor? Para chegar ao ministério terei de passar novamente por essa rua, pela rua do Sabão e... Essas ruas são terríveis, meu rapaz! Aquelas lojas diabólicas são tentadoras demais. Não viu como os olhos de Carolina ficaram? Tive muita sorte até agora. Imagine se ela conhecer a *Notre Dame de Paris?*

– Como, Paris?

– Estou a me referir a maior casa de negócios do Brasil, talvez da América do Sul.

– Tão grande assim?

– Ela ocupa um edifício inteiro, com uma entrada pela rua do Ouvidor e outra pelo Largo de São Francisco. O lugar é gigantesco. Cada seção tem seu gerente e seu caixa; uma organização e beleza sem igual. Lembro-me que, quando estive lá, tive de lutar para não ser seduzido pela vendedora que, mais do que cortês, espalhava o aroma dos perfumes recém-chegados de Paris. Eu até hoje não sei se fiquei zonzo por causa do aroma ou se foi pelo barulho do movimento colossal de clientes endiabrados.

– Isso tá parecendo bom. Não dá pra gente dar uma passadinha?

– Está vendo! – Koseritz elevou a voz. – Vocês jovens são presas fáceis neste mundo sem salvação. Se Carolina descobrir, não terei como escapar. Ficarei sem nenhum vintém!

– Mas que exagero!

– Não, nada disso. Todo o trajeto de Botafogo ao centro, para você ver como essa cidade é, está minado por gigantescos anúncios pintados a óleo com letras garrafais. Basta uma olhada para ficar de vez enfeitiçado com frases, tais como "Passem na joalheria!", "Comprem na casa da moda as novidades de Paris!", "Sem dinheiro? Abra uma carta de crédito!" – Caio se divertia com as preocupações do pai. – Ai! Eu preciso manter Carolina fora dessas tentações. Preciso! Ela veio do interior. Apesar de muito culta, muito inteligente, ela ainda não sabe evitar essas ciladas da corte.

Por uns instantes, Caio ficou sem ação diante do rosto impassível do alemão que batia os dedos tensos na parede.

– E aí? Vamos lá? – incentivou o alemão, num tom mais calmo. – Por via das dúvidas, estou levando apenas 400 réis. Isso deverá ser o suficiente para as nossas passagens de bonde. E, é claro, vou levar mais uns trocadinhos para uma ou duas cervejas para mim e um refresco para você. Vamos?

4. Visita à Casa da Moeda do Brasil

O bonde lotado deixou os dois visitantes próximos ao Campo de Santana. Situado entre o verde e elegante jardim e o Senado, brotava um prédio construído de granito e mármore. Depois de alguns minutos, um homem calvo e que usava um monóculo recebeu os dois, que esperavam numa sala decorada onde se destacava um lindo lustre com peças de cristal.

– Como vai, Dr. Sobragí? – o alemão estendeu a mão ao homem que ajeitava a gola do terno.

– Koseritz, finalmente, deu-me a honra de sua visita.

– A honra é toda minha, meu caro amigo, de poder estar perante um homem que fez deste lugar um estabelecimento modelar.

– Você não podia ter chegado em melhor hora – o homem ajeitou o monóculo quando reparou na presença de Caio. – E quem é este moço?

– Esse é meu atual assistente, Caio Zip, que me está ajudando por esse tempo.

– Prazer, meu caro rapaz. Espero que você tenha a mesma curiosidade que nosso Koseritz. Aqui, você vai encontrar muitas coisas bem interessantes.

– Claro – sorriu Caio, reparando em alguns guardas que transitavam no local.

– Mas você mencionou em boa hora – comentou Koseritz. – O que está a acontecer?

– Estamos dando os últimos retoques nas novas estampilhas de 25$, 40$, 50$ e 100$ e mais outras que entrarão em circulação em breve.

– Quer dizer que me está dando notícias frescas.

– Mais, impossível. E também como sei o quanto você gosta de nosso trabalho, já até separei para você algumas medalhas cunhadas, inclusive a que representa a sua exposição.

– Mas que ótimo! A medalha que eu tinha, eu a perdi.

– Que exposição é essa? – indagou Caio.

– A Exposição Brasileiro-alemã – respondeu o diretor da Casa. – Foi a primeira exposição mundial realizada no Brasil, uma exposição de nível internacional sobre a agricultura, indústria e comércio, realizada em Porto Alegre, com o objetivo de incentivar o comércio e desenvolver a economia. A exposição mostrava tanto os produtos alemães quanto os brasileiros. Koseritz queria divulgar os produtos brasileiros para os mercados da Alemanha e também apresentar aos brasileiros os produtos fabricados pelos alemães. É, foi uma boa tentativa!

– Verdade?

– Sim. E também teve a presença de artistas que exibiram suas obras – completou o diretor. Essas obras abrangiam pintura, desenho, escultura e fotografia, além de marcenaria, tornearia, trabalhos manuais e artesanato indígena. Entre os artistas, estavam Frederico Trebbi, Balduíno Röhrig e Pedro Weingärtner, além de fotógrafos como Luigi Terragno, Augusto Amoretti e Von Borowski e também escultores de mármore, como Adriano Pittanti.

– Mas o que quis dizer com tentativa? – estranhou Caio. Koseritz logo esclareceu.

– Os melhores participantes foram premiados com uma dessas medalhas comemorativas que Sobragí mencionou. Essa premiação levou a desacordos e acabou em trágico incêndio no pavilhão principal.

– Morreu alguém?

– Não, mas o incêndio praticado à noite foi criminoso. Perdi a minha coleção etnográfica, além de outras coleções, como as de zoologia, mineralogia e botânica.

– Uma perda lastimável!

– Não entendo por que tanta raiva contra a minha pessoa – lamentou Koseritz. Talvez, seja uma reação contra a imigração alemã. Mas, logo eu, que sou fascinado pelo Brasil e respeito todos os povos que contribuem para a grande riqueza cultural deste país. Eu mesmo nunca dei muita importância ao sangue. Casei-me com uma moça da terra, uma estancieira, genuína brasileira, e com ela tive quatro filhas que eu adoro. E sou um dos que mais lutam por uma integração total da colônia alemã à sociedade brasileira. Infelizmente há alguns, entre os imigrantes alemães, que não querem se integrar, assim como há alguns do local que são radicalmente contra a imigração. Esses contra a imigração, às vezes, são violentos. Mas vamos mudar de assunto, pois não aprecio falar sobre águas passadas.

– Tem razão, meu amigo. Vamos! – comandou o diretor, indicando a escada para o andar superior. – Quero mostrar a vocês o nosso maior orgulho. Vamos!

– Subindo as escadas, chegaram até uma sala onde se encontrava um retrato a óleo e mais um busto do imperador Dom Pedro II. De lá, passaram para uma sala onde era exibida uma gigantesca coleção de moedas e medalhas de todos os países em todos os tempos.

– Uau! – vibrou Caio ao ver uma fileira de moedas de ouro acomodadas em um pano de veludo vermelho. – Essas moedas são da época dos gregos e romanos?

– Essa é do imperador Tibério – explicava o diretor. – E essa outra é do reinado de Cleópatra, e essa é de Alexandre o Grande.

– Puxa, como Alexandre está diferente! – reparou Caio, sem perceber a fisionomia dos dois homens, que estranharam o comentário. Caio continuou a olhar a coleção e, em certo momento, deparou-se com uma coleção que retratava D. Pedro I com o dorso nu.

– Esta é rara – acompanhou o diretor. – É a "Peça da Coroação", de 6.400 réis, mandada cunhar em ouro pelo imperador D. Pedro I para o dia de sua coroação, em 1822. Não se repetiram os cunhos da peça na emissão seguinte, em 1824, porque desagradou ao vaidoso imperador a sua efígie com o busto desnudo e a cabeça laureada com dois raminhos de ouro atrás da orelha. Só foram cunhadas 64 peças e foram tiradas de circulação. Talvez, hoje, existam apenas uns quinze exemplares. É a moeda mais valiosa cunhada no país e cada peça vale uma pequena fortuna.

– E essas parecem até um álbum – olhava Caio uma fileira de moedas nas quais estavam imagens de Dom Pedro II, representado da infância até aqueles dias com sua barba longa. Ao lado das moedas, havia selos com cenas de vários momentos históricos do Império. Caio notou uma série de selos que estava destacada das demais. – E por que esses selos tão simples são importantes?

– Porque o Brasil foi o segundo país do mundo, o primeiro foi a Grã-Bretanha, a emitir selos postais. E isso foi com essa série de selos que você está vendo, impressa em 1843, cujo selo ficou conhecido como "Olho de Boi". Realmente, a estampa é muito simples, traz apenas as gravações dos valores 30, 60 ou 90 réis. A primeira ideia era a de gravar a efígie de D. Pedro II nos selos, mas as autoridades desistiram, pois acharam que isso aviltaria a imagem de Sua Majestade e optaram então pela solução mais simples. Hoje, esses selos são muito valiosos para os colecionadores, inclusive no mercado internacional, pelo valor histórico e por serem raros, especialmente os selos de 90 réis, que eram destinados apenas às correspondências internacionais.

– Nossa! Isso aqui está melhor do que minha coleção de *cards* holográficos.

– *Cards*! – surpreendeu-se o Dr. Sobragí. – Isso é algum tipo de cartão postal?

– Bom, não é bem assim. Eles são mais pra jogar.

– É algum tipo de jogo de cartas? – supôs o jornalista.

– É isso aí – sorria Caio.

– Que coisa horrível.

– Mas qual o problema? Todos os meus amigos jogam.

– Isso é lamentável! – o diretor acenava a cabeça com reprovação. – Tão moço e já está envolvido com a jogatina.

O responsável pela Casa prosseguiu com a visita levando os dois visitantes, agora, para uma área onde se concentrava uma gigantesca oficina com fornos de todos os lados. Lá estava sendo içado um tacho fervilhante e controlado por homens com rostos e peitos enegrecidos pela fuligem e que também manobravam um exército de foles e ganchos. A lava que era derramada flamejava na escura sala em tons rubros que davam a impressão a Caio de estar no próprio inferno. De um lado, estava a máquina fumegante, mas; do outro; via-se saírem barras de uma intensa cor de fogo. Dali, as barras fumegantes deslizavam para dentro de outra máquina que transformava as barras em peças redondas. As novas moedas seguiam a sua jornada para sofrerem uma nova transformação dentro de uma das trinta prensas de cunhagem.

– Tome! – o diretor, orgulhoso, ofereceu a Caio e a Koseritz um níquel saído do forno. – Uma cortesia da Casa fabricada por uma de nossas mais modernas máquinas de 24 cavalos movidas a vapor.

– São máquinas importadas?

– Não, Koseritz. Todas as máquinas são produzidas pela própria Casa. E uma de nossas prensas chegou a conquistar um prêmio na exposição de Filadélfia de 1876, comemorativa do Centenário da Independência dos Estados Unidos.

– A mesma exposição em que o imperador adquiriu os telefones?

– Exatamente.

– Isso será um assunto que meus leitores gostarão muito. Esse estabelecimento é modelar!

– E ainda não viu tudo, meu amigo. Precisamos ver a nossa oficina de construção de máquinas, a seção de montagem, a ferraria, os laboratórios químicos e mais a nossa sala de balanças com pesos e medidas do tempo de D. João VI.

– Isso seria merecedor de um dia inteiro. Temo que esteja com o tempo curto, pois ainda hoje devo passar no ministério.

– É lamentável. Você iria gostar de ver a sala de selos. Nesse momento, vocês poderiam ver a impressão de selos e estampilhas litografadas, feitas por nossos melhores artistas da Casa. Mas receio que vocês deverão correr, pois o expediente lá no ministério termina cedo. Por favor – o diretor levou a mão ao bolso do terno e retirou um saco de veludo verde amarrado com uma fita dourada. – Receba como lembrança desta visita estas medalhas. Estarei aqui à espera de seu retorno para mostrar-lhe mais sobre o nosso trabalho.

– Assim farei – sorria o alemão. – Que o tempo me permita esse grande prazer.

Os dois não poderiam ter escolhido hora pior para se despedir. Uma tempestade desabou em toda a cidade e, em meia hora, as águas invadiram as ruas e subiram até os joelhos dos desavisados. Os bondes deixaram de funcionar, pois os carros estavam com suas mulas empacadas. Os aventureiros não poderiam estar mais ilhados, e Koseritz não poderia estar mais arrependido por sua falta de sorte. No fim, decidiram romper o isolamento. Foram forçados a escalar o morro para retornar ao hotel e, com isso, acabaram enfrentando uma torrencial queda d'água.

Exaustos, famintos e sedentos, Caio e o jornalista encontraram Carolina na porta do hotel, aflita.

– Pai! Que temporal! Você está bem?

– Estou bem, querida. Não se preocupe conosco.

– Quer que eu traga uma bebida quente? – insistiu a filha atenciosa, ajudando o pai a tirar os sapatos cheios de água e lama.

– Para mim, não é necessário, mas pode trazer um leite quente para o pobre Caio.

– Vou trazer também umas roupas secas. Veja só o estado da sua calça branca, pai – lamentou Carolina, tentando tirar a grossa camada de lama do fino tecido.

– Deixa, querida, esta minha calça... Logo, a minha favorita... É! Ela não tem mais salvação. Deixa para lá. Tenho coisas mais urgentes para pensar. Onde está o telefone? Preciso avisar o ministro de que estou impedido de ir.

– Não vai dar, pai. As linhas estão mudas.

– Como! Essa, não! Como isso é possível? Basta uma chuvinha para derrubar essa cidade imperial? Ah, que saudade da minha terra!

5. A Biblioteca Nacional

Descansados da aventura da véspera, Koseritz levou Caio para visitar um grande prédio de quatro andares em frente ao Passeio Público. Lá dentro, posicionados na entrada ampla, encontravam-se as estátuas de Pedro I e Pedro II, sempre a recepcionar os visitantes, assim como o busto de D. João VI, que firmava seu posto em um nicho sobre a escada.

– Que lugar é este, Koseritz?

– Este, meu rapaz, é o lugar que mais gosto e que me obriga a fazer as pazes com o Rio. Você está prestes a entrar no local onde se guardam verdadeiros tesouros: a Biblioteca Nacional.

Enquanto Koseritz explicava a Caio, dois homens desciam. Logo, o jornalista virou-se para os dois e, com um largo sorriso, saudou-os:

– Meus ilustres companheiros! É um prazer revê-los.

– Como vai, Koseritz? – disse o homem de terno escuro, de barba grisalha, apertando a mão do alemão.

– Vou bem, doutor Brum.

– Como é bom vê-lo com saúde – cumprimentou o segundo, muito magro, de cabelos castanhos já grisalhos, que ajeitava os pequenos óculos que escorregavam no nariz.

– Obrigado, Teixeira, também, fico feliz ao vê-lo tão bem-disposto.

– Mas quem é o jovem que o acompanha? – indagou o primeiro homem que os saudara, já inspecionando de cima a baixo a figura de Caio.

– Ah, sim – Koseritz pegou nos ombros de Caio e o fez posicionar-se mais à frente dos dois homens. – Doutor Brum, Teixeira de Melo, este é o meu assistente, Caio Zip. Eu o trouxe aqui para conhecer um estabelecimento que a meu ver sempre me deixa deveras impressionado.

– Você não poderia ter vindo em momento mais oportuno – comentou o doutor Brum. – Lembra-se de que, na sua última visita, eu e o bibliotecário Ramiz Galvão estávamos à beira de um colapso, tamanha a quantidade de caixas que tinham sido abertas há anos, mas que, por falta de tempo e pessoal especializado, foram lançadas a um canto?

– Sim, sim! – acenava o alemão com a cabeça. – Era de dar dó ver aquelas gravuras ali jogadas como se fossem trapos.

– Cinquenta anos! – suspirou Teixeira. – Durante cinquenta anos, as caixas ficaram entregues a maus tratos. Que tortura pior poderiam sofrer livros, gravuras e outras obras de arte tão delicadas e de idade tão avançada como esses que ficaram à mercê de seus algozes: as traças e a humidade. Por pouco, não foram destruídos de vez.

– Terrível! – lamentava o doutor Brum. – Sem cuidado, todos aqueles itens tendem a ser destruídos também pela ação do tempo.

– Mas então não entendo. O senhor não disse que cheguei em boa hora!? – espantou-se Koseritz.

– Ah, meu caro alemão, só estávamos a recordar o pesadelo, mas agora o sonho chegou para a nossa alegria. Nesses últimos meses, conseguimos finalmente conferir o conteúdo das caixas, e não acreditará com o que nos deparamos.

– Diga logo! Estou a ter outra emoção forte.

– Melhor do que dizer é mostrar – sorria o doutor Brum com um rosto carregado de suspense. – Venha! Venha ver com seus próprios olhos o que estamos, agora, tratando de restaurar.

Os dois homens gentilmente indicaram a escada que, para Koseritz, parecia interminável.

Estava feita a grande revelação. Diante daquelas quatro figuras curiosas, surgia uma sala, onde as desprezadas coleções de outrora estavam sendo exibidas aos visitantes com toda a pompa. Lá estavam vários livros catalogados e postos em suntuosas e amplas estantes. Milhares de volumes, como livros e gravuras, estavam em exibição aos visitantes que se movimentavam por ali em silêncio. Apesar de o prédio ser considerado espaçoso, ainda não conseguia comportar a enorme quantidade de livros que ali pairava.

Caio, boquiaberto, deslizava pela sala que ligava a outras mais dezenas de salas. Olhava para os lados, para o alto... e via que estava cercado por livros de todos os idiomas e épocas. Ficou mais impressionado ao saber, por meio de Teixeira de Melo, que à sua frente, em uma das mobílias envidraçadas, estavam dois exemplares da Bíblia impressos em pergaminho de pele, datados em 1462. Aqueles exemplares pertenciam à primeira edição feita em Mogúncia e lá constavam, no colofão, como se chama a antiga ficha bibliográfica, os nomes de Johan Fust e Peter Schöffer, ex-credores de Gutemberg, que se apossaram da oficina do inventor da imprensa. Dessa edição só existiam, naquele ano, trinta exemplares em todo o mundo. Em outro armário de vidro, a atenção do alemão estava voltada a manuscritos dos séculos XI, XII e XIII. Impressionavam pelo frescor das cores e pela escrita tão bem delineada em tinta preta brilhante e com iniciais iluminadas repousando sobre um pergaminho fino, quase sedoso. As letras eram microscópicas, todavia, mesmo assim, eram legíveis. Na sessão dos mais visitados, estava a coleção das mais velhas cartas marítimas e mapas. Em outro móvel, saltava aos olhos a primeira edição dos Lusíadas de Camões, assim como uma edição de luxo comemorativa do último centenário do grande poeta. Igualmente, extasiava os dois visitantes a presença de papiros gregos, egípcios e romanos. Em outra sala, reinava a primeira história sobre o descobrimento do Brasil, com gravuras em madeira representando monstros marinhos. Uma grande atração eram os 130 volumes denominados "Grande Teatro do Mundo", compostos por paisagens, fatos históricos, cartas marítimas e muito mais, que relatavam eventos desde a Antiguidade greco-romana até aquele tempo. Koseritz percorreu os olhos entusiasmados por entre alguns volumes e, logo, no primeiro, foi conquistado pela leitura e visão de desenhos à pena que descreviam o casamento da princesa portuguesa D. Catarina com o rei Carlos II da Inglaterra. Aquela passagem no tempo, que se abria a cada virada das ricas páginas, fazia-o sentir como se estivesse de carne e osso entre os convidados. Lá estava o alemão dançando durante os festejos em Lisboa, recepcionando, com um lenço vibrando ao vento, a chegada da frota inglesa ao Tejo e felicitando a noiva que embarcava. Mais algumas páginas, e estava a assistir a chegada a Londres da noiva, ovacionada pelo povo; e mais uma virada de página, estava a vibrar com os festejos dos noivos a saudar a todos dentro de uma carruagem aberta decorada com flores.

Quando Caio aproximou-se do jornalista notou que os olhos do velho alemão estavam a lacrimejar.

– Tudo bem com você?

– E como! – respondeu Koseritz sem desviar os olhos das últimas páginas. – Levaria meses de bom grado para ler e examinar com carinho todas essas preciosidades.

– É coisa demais! Deve ter umas duzentas mil peças ou mais, sei lá... Como tudo isto veio parar aqui?

– Ah, Caio, isso foi graças à família real – Koseritz virou-se para Caio. – Quando D. João fugiu para cá, escapando das tropas de Napoleão, deixou Lisboa às pressas e muito dos pertences, embalados em milhares de caixas, ficaram abandonados no porto. Só depois de dois anos, quando a família já fixara residência no Rio, conseguiram finalmente embarcar as caixas.

– E algumas dessas caixas eram as que o doutor Brum e Teixeira comentavam.

– Algumas! – riu o alemão. – Para você ter uma ideia, o acervo abandonado era composto de uns sessenta mil itens raros, entre livros, gravuras, mapas, moedas, escudos...

– Demais!

– Demais mesmo, pois, como ainda não havia um local para acomodálas, tiveram de improvisar. Salas e salas do Hospital do Convento da Ordem Terceira do Carmo ficaram abarrotadas até as caixas serem transferidas para a primeira Real Biblioteca, que foi construída nas catacumbas do hospital. Como o acervo não parava de crescer, das catacumbas veio parar neste prédio.

– Que pelo jeito ainda não suporta tamanho volume.

– É verdade. Creio que daqui a um tempo terá de ser construído um local mais adequado. Eu só espero que, no futuro, ainda existam pessoas dedicadas como o doutor Brum. Imagine só! Estas preciosidades poderiam ser danificadas sem um tratamento adequado. Coitadas, já sofreram tanto.

– Ah, pode ficar tranquilo! – animou-se Caio. – O pessoal vai restaurar o que tiver estragado e tudo vai ser digitalizado.

– Como, digitalizado?

Antes que Caio tivesse tempo de se explicar, os dois homens, doutor

Brum e Teixeira de Melo, retornaram para perto dos dois visitantes.

– Lastimo, meu amigo! – disse Teixeira a Koseritz. – Porém está na hora de fechar.

– Já! – consultou o alemão o relógio no pequeno bolso do terno. – Como passou rápido o tempo. Não daria para apreciar por mais alguns minutos?

– Eu gostaria muito, mas são as regras da casa. Devemos fechar ao bater das 14 horas.

– Está muito bem! – suspirou o alemão ao fechar devagar o volume e, como se quisesse ganhar mais alguns segundos, custava a recolocá-lo no lugar.

– Deixe estar, Koseritz! – disse Teixeira com um sorriso, pegando o volume das mãos inconformadas do alemão. – Haveremos de vê-lo novamente aqui e então teremos chance de mostrar-lhe os outros volumes.

– Como sempre terei de fazer o possível para retornar a esta máquina do tempo. Aqui se tem infinitamente o que ver e aprender...

– Não há lugar melhor para se viajar no tempo, meu amigo – comentou Teixeira, depositando o volume em cima de uma mesa ao canto da sala. – Eu mesmo fico aqui lendo e nunca sinto a hora passar, a não ser quando alguém me desperta, como eu infelizmente tive de fazer com você, meu caro amigo.

Koseritz foi até a mesa e, como numa despedida, acariciou a capa do volume. Já estava se afastando da mesa, quando Caio, que estava próximo, notou um pedacinho de folha escapando pela fresta de uma gaveta camuflada.

– Ei! – atraiu Caio a atenção dos três homens. – O que é isto aqui?

– Estranho! – disse o Dr Brum, aproximando-se de Caio. – Não sabia que este móvel tinha gavetas.

– Deixe-me ver – pediu o alemão abrindo a gaveta com cuidado. Aos poucos, os quatro curiosos foram juntando as suas cabeças para ficarem o mais próximo daquela inesperada aparição.

– Mas será!? – exclamou o jornalista tirando delicadamente uma folha com o esboço de uma cabeça de mulher. – Isto está parecendo ser o mestre italiano... – Koseritz mirou para o canto da folha. – Veja só! É ele sim! Olha aqui a assinatura dele! É de Rafael Sanzio!

– Mas que impressionante! – doutor Brum pegou a folha e verificou a assinatura. – É realmente um achado.

– Doutor Brum, acho melhor ver isso aqui – indicou Teixeira de Melo, reparando no fundo da gaveta.

– É maravilhoso! – espantou-se Brum ao agachar-se perto do móvel. – Aqui, têm centenas de estudos e desenhos de Rafael, Guercino, Pesarosa, Reni e outros grandes pintores. Que descoberta!

– Caio! – Koseritz abraçou com força o seu assistente sem ação. – Eu não disse a você que aqui se guardam tesouros. Hoje, fizemos uma verdadeira caça ao tesouro. Achamos! Achamos!

As pazes com o Rio foram firmadas por completo. Agora, o jornalista estava radiante e seus olhos brilhavam enquanto caminhava a passos leves pelo Passeio Público em frente à Biblioteca Nacional.

Diferente do Campo de Sant'Ana, o Passeio Público era menor, mais velho e tinha custado muito menos, mas quem o visitasse veria de imediato que as árvores, por serem mais antigas, refletiam sua gigantesca soberania. As alamedas eram povoadas de mangueiras, jaqueiras, árvores-do-pão, itus e jambos-rosa. Rios, chafarizes e canais amainavam o calor do dia, enquanto um lago, com uma ilha artificial, tratava de ser palco para os exuberantes cisnes que ensaiavam passos de um balé dos mais sublimes. Sombras profundas de imensas palmeiras cortejavam os passantes para deitarem-se sobre o lençol de grama fresca e verde, e as flores de variadas cores prenunciavam com seu perfume um sonho doce.

O tempo não ousava trazer lembranças de tarefas ou deveres naquele recinto de pura contemplação. Caio e Koseritz deliciavam-se com aquela pintura viva, elaborada pelas mãos da natureza. Apenas a presença de um terraço de mármore, que tomava todo o lado voltado ao mar, lembrava a interferência do homem naquele pequeno paraíso, assim como os bustos e estátuas espalhados por vários cantos. Os dois foram atraídos ao terraço com a promessa de uma bela vista e a natureza não os desapontou. Dali as ondas brincalhonas atiravam espumas aos que ficavam próximos ao parapeito, enquanto uma vista panorâmica descortinava-se diante dos incrédulos visitantes. A baía mostrava-se como um espelho a refletir o laranja avermelhado do pôr do sol e mil estrelas faiscavam nas pequenas ondulações. Refletido nos olhos dos dois impressionados, a ornamentar o quadro, surgia, à esquerda, o porto, com sua floresta de mastros de navios de todos os cantos do mundo, o convento de São Bento e a ilha das cobras. À frente, despontava a cidade de Niterói e, mais ao fundo, as ilhas de Paquetá, Governador e Flores, e, com o dia claro que estava fazendo, podia-se ver também a Serra dos Órgãos, em cujo cume se achava a cidade de Petrópolis. À direita, emergia a visão da Glória, Catete, Botafogo, Largo dos Leões, até a Praia Vermelha, e o Pão de Açúcar, que se destacava em toda sua plenitude naquela aquarela do Brasil. A noite caiu e os bicos de gás foram acesos, mas foi a lua cheia que se apresentou com sua luz prateada, envolvida pelo véu estrelado, e exalando poesia encerrou o grande espetáculo da natureza impressionista.

6. Machado de Assis, Chiquinha e Souza

A noite desceu. O jornalista, acompanhado por Carolina e Caio, foi para o Teatro Imperial. Durante o trajeto, Caio brigava com a roupa antiga do alemão que Carolina tinha reformado, às pressas, para ele. A gola da camisa o sufocava, a calça insistia em cair e as mangas da alinhada casaca escorregavam até os dedos... Como se não bastasse, Carolina ainda teimava em lhe arrumar o cabelo desgrenhado.

Chegando ao teatro, o alemão percebeu que a sorte persistia em escapar-lhe. Com a sua tempestuosa reação diante do senador, ele deixou de pegar os convites que ficaram misturados naqueles papéis esclarecedores. Os três ficaram ali na porta com a esperança de serem vistos pelo imperador.

Primeiramente, apareceram os batedores a galope e uma unidade de cavalaria brandindo os sabres e, em seguida, seguiu-se um desfile de ultrapassadas carruagens do início do século conduzidas por cocheiros negros com trajes fora de moda.

Uma após a outra, as carruagens descarregavam seu conteúdo na porta do teatro. As primeiras traziam os fidalgos, os camareiros e as damas de honra. Nas outras, estava a família real. Lá vinha a princesa Isabel, seguida por seu marido, o conde d'Eu, vestida com simplicidade semeada, apenas, por alguns brilhantes. Koseritz observou que a nobre envelhecera e ganhara traços duros desde a última vez que ele visitara a corte. Mais adiante, avistaram um carro mais gasto e estragado que o anterior, trazendo a imperatriz de cabelos brancos, ostentando o famoso colar de diamantes, o seu maior tesouro, e mais um diadema de brilhantes. A figura respeitável da ilustre mulher, delineada por traços bondosos, misturados com os de cansaço, desceu com dificuldade da carruagem, auxiliada por dois criados.

Finalmente, anunciaram a chegada da última carruagem, restaurada, com belos cavalos e ornada com a coroa imperial em prata. O soberano apareceu com seu manto de veludo verde, extremamente quente, ornamentado com penas de papo de tucano. Não produziu nenhum alvoroço, nenhum aplauso. Caminhou curvado, aparentando carregar o fardo da idade e das preocupações.

Por um breve instante e burlando a segurança, Koseritz aproximou-se de Sua Majestade. D. Pedro II, todavia, impedido pelo protocolo, só pôde pedir para que um dos camareiros lhe desse seu pequeno recado.

– Sua Majestade – comunicou o empregado moreno e um pouco afoito – solicitou que Vossa Senhoria o encontre no piquenique amanhã, de manhã, no Jardim Botânico.

Mais do que apressado, o criado voltou para a comitiva e misturou-se ao grupo de guardas que já impedia a entrada de curiosos ao teatro. Resignado, o jornalista quis voltar logo para Santa Teresa, mas Carolina, muito determinada, insistiu que ficassem ali no centro. Ela não queria perder a oportunidade de usar as luvas abotoadas por 25 botões que lhe cobriam os braços até a axila e especialmente o seu novo vestido, de uma das "diabólicas" lojas, comprado pelo pai a crédito a perder de vista e, como Koseritz fazia questão de destacar, de fazer perder a cabeça. O bom pai não conseguiu lhe negar o pedido e seguiu para uma famosa confeitaria situada na Rua do Ouvidor.

Com o alemão refrescando-se com um chope, Caio entre doces e sorvetes, e Carolina extasiada com o movimento da casa, ninguém reparou quando um grupo formado por três homens e uma mulher veio à mesa.

– Como vai, companheiro? – cumprimentou um homem de pele morena, bigode longo e grosso, vestindo um terno escuro.

– Como vai, Souza? – o jornalista levantou-se e abraçou-o. – O que está fazendo aqui na corte? Como vai o Tribuna Popular?

– Como vão todos? – respondeu o homem, acenando a cabeça para Carolina. – Então, você não sabe, meu bom companheiro, o que o destino me reservou?

– Do que está falando? – Carolina deixou de lado o seu chá de mate, servido pelo gentil garçom que ainda deixara na mesa um prato contendo diversos salgados.

– Viajei ao Rio Grande do Sul de navio, acompanhando a Companhia Dramática Julieta dos Santos, como ponto teatral, que é uma espécie de secretário, mas eu aproveitava para fazer recitais de poesia. Fiz uma nova viagem ao norte do país. Tive grandes aclamações abolicionistas na Bahia. Agora, estou a publicar o meu livro de poemas em prosa "Tropos e Fantasias", em parceria com o meu amigo Virgílio Várzea.

– Até agora só vejo coisa boa! – sorria a garota.

– Estou também dirigindo o jornal "O Moleque".

– Mas que nome! – estranhou Koseritz. – Isso vai dar muito o que falar.

– E já estão a falar, meu caro.

– Mas você não parece bem! – insistiu Carolina.

– Não, Carol. Eu ainda estou tentando aceitar o acontecido. Fui nomeado Promotor Público em Laguna.

– Em Santa Catarina! Mas que maravilha! – Koseritz fez sinal para a filha deixar o desanimado continuar.

– Maravilha? Mas eu não pude assumir o cargo. Isso aconteceu no ano passado e, na época, eu não pude aceitar o convite do presidente da província por me achar distante, integrado à companhia teatral. O Dr. Francisco Luiz da Gama Rosa é uma pessoa maravilhosa, que se destacou muito na proteção aos intelectuais liberais, mas agora ele não é mais o presidente. O problema é que, na época, eu tinha razões particulares que me moveram ao afastamento da província. Tive muitos aborrecimentos com a sociedade local, acho que por causa da cor, das ideias ou de ambas.

– Como isso pôde acontecer!? – zangou-se a jovem. – Você é liberto desde os quatro anos.

– Sim. O marechal Xavier de Souza alforriou a mim e a meu pai, que participou da Guerra do Paraguai. Tive uma educação estudantil digna de nota, adquirida no Liceu Provincial de Santa Catarina. Aprendi Humanidades, Latim e Grego. Fritz Müller, amigo e correspondente de Darwin, foi meu professor...

– Pois então, isso tudo não conta?

– Ora, minha querida – interveio a mulher do grupo, acompanhando Souza, após saudar a todos da mesa. – E desde quando um alforriado não sofre perseguições? Mesmo que o nosso João da Cruz e Souza, aqui, saiba preencher folhas em branco com suas poesias, o pessoal só enxerga a cor negra da sua pele.

– Chiquinha, sente-se aqui perto da minha filha Carolina – pediu o jornalista, depois de apresentá-las, indicando o lugar. – Souza, fique aqui do meu lado.

Koseritz deu atenção a mais outros dois conhecidos do grupo.

– Assis! Antunes! Meus colegas! Venham juntar-se a nós.

– Como está, nobre Koseritz? – saudou um homem com um longo cavanhaque, trajando um terno claro.

– Para variar, Assis, só o nome de batismo e os meus anseios continuam nobres. E como tem passado? Continua no jornal?

– Por ironia do destino, agora, sou oficial de gabinete do Ministério da Agricultura – lamentava Assis, um homem de pele bem morena que trajava um terno cinza. Os pequenos óculos sem hastes custavam a manter-se na ponta do pequeno nariz daquele amigo do jornalista. – Para garantir o meu sustento, veja só, virei um burocrata.

– Mas o nosso Machado de Assis aqui não largou a pena – completou Antunes, um branco de olhos castanhos e corpo robusto, segurando firme os braços de Assis. Em seguida, Antunes soltou o amigo encabulado e acomodou-se numa cadeira perto de Caio. – Pode ficar tranquilo que Machado ainda está bem afiado. O pessoal lá da repartição adora-o, assim como eu. Já leram o Brás Cubas?

– Ah, sim! – Koseritz estava sorridente. – Encontrou o seu estilo, não?

– Tomara que sim, meu amigo, tomara! – finalmente, o encabulado sentou-se ao lado do alemão. – Não sabe como é difícil fazer algo tão diferente. As reações dos leitores têm sido tão variadas. A única pessoa que me conforta nesses momentos é a minha senhora, a minha Carolina.

– Também pudera, meu estimado escritor – prosseguiu o alemão, servindo-se de um bolinho de bacalhau –, um morto contando sua vida é muito criativo, na minha humilde opinião.

A conversa foi diminuindo quando o grupo notou um homem acompanhado por uma dama elegante entrando na confeitaria. Com um olhar desafiador, o desconhecido cumprimentou a todos de longe, empunhando uma requintada bengala de madeira com um cabo de ouro.

– Quem é ele? – Caio estava curioso, pois os amigos, especialmente Koseritz, estavam visivelmente incomodados.

– É Apulcro – respondeu Chiquinha irritada. – Ele é o dono daquele pasquim, o famoso *Corsário,* que vive publicando escândalos, a maioria deles inventados, arrastando, assim, nomes de muitas famílias na lama.

– E isso eles chamam de imprensa – chateou-se o jornalista. – Aqui, no Rio, a maioria dos jornais não leva a sério o trabalho da informação. Eles fazem muita pilhéria... Como adoram uma fofoca!

– Você já viu a última caricatura do imperador, do Raphael Bordallo? – Antunes já se servia de uma garrafa de cachaça trazida pelo garçom e de um bolinho de aipim.

– Do Bordallo?

– O que criou o *Zé Povinho*. O monarca é sua vítima favorita. Lembra das caricaturas das eternas viagens que D. Pedro faz ao exterior?

– Sei!

– Pois bem! Ele desenhou o imperador vestido como um republicano, escondendo nas costas o manto e, ao seu lado, o cetro e a coroa jogados numa cadeira.

– Como se não bastassem as enchentes causadas pelos temporais, o Rio é inundado por tabloides que abusam da liberdade de imprensa, tão bem defendida pelo imperador. O estômago estragado do *Zé Povinho* não suporta o cozido pesado da doutrina. Gosta mais da pimenta forte do escândalo, do tempero picante da malícia. Estão sempre a servir um *ragout* apimentado e com D. Pedro na mistura. Não são poucas as vezes que o representam como um velho dândi, que se conduz de forma risível, como um louco enamorado, como aquela vez no baile da condessa de Barral, e que esquece e maltrata os interesses nacionais. Mas ele vive em condições modestas, as quais acabei de presenciar, e ainda que ele empregasse dinheiro em amores mercenários não seria metendo a mão na arca do tesouro público. Ele estaria apenas limitando as suas obras pessoais de caridade. O imperador é um homem honrado, como há poucos no Brasil; tem cometido muitos erros políticos, mas é modelar chefe de família, e semelhantes boatos são simplesmente infames. Por isso, jornais como o doutrinário da grande imprensa, o *Cruzeiro,* foram-se depois de uma profunda doença, que já matou tantas pequenas folhas e que se chama falta de papel. Jornais como o *Corsário* têm sempre muito papel, não só papel de imprensa como notas de banco.

– É, como esses diretores de jornal ficaram ricos! – reclamou Souza. –

Esse Apulcro me deixa louco de raiva. Perdi meu lugar num jornal sério e esse miserável vivendo de escândalos e cercado de luxo. Soube que ele foi ameaçado de morte e até depredaram uma de suas tipografias. Aposto que se ele continuar acabará morto.

– Continua deixando fluir a emoção em primeiro lugar, não é Souza? – provocou Machado de Assis que, apesar de estar sóbrio, ficou empolgado e embriagou a todos com sua prosa. – Sejamos justos, meus amigos, com a natureza humana. Virtudes inteiriças são invenções de poetas e no dia em que a natureza distribuir igualmente as boas qualidades morais, a virtude deixa de ser uma riqueza! – Assis tomou um gole da cachaça do copo do amigo Antunes e voltou-se para Souza. – Você deveria aprender que o único jeito de semear nossas ideias e termos os nossos direitos colhidos é sendo bons plantadores que regam as mentes sedentas pelo saber.

– Cada um luta do jeito que sabe – retrucou Chiquinha, servida de um pastel. – Você e Souza defendem as ideias abolicionistas de modos distintos, mas cada um tem o seu valor.

– Mas eu sei que você também apoia a abolição – sorriu Antunes.

– Luto vendendo minhas partituras em troca da alforria de alguns, faço o que posso para protestar perante esse nosso inerte governo.

– Estimada Chiquinha Gonzaga – interferiu o alemão –, o pessoal do governo só entende de ganhar e gastar valores. O único jeito de fazê-los aceitar a abolição é mostrar que hoje em dia não se ganha com o uso de escravos. É mostrar que os outros países já estão investindo nas indústrias e assim ganhando lucros e mais lucros. Enfim, temos que mostrar como eles são uns verdadeiros alienistas, não é, Machado?

– Ao vencedor, as batatas! – bradou Assis com o braço erguido como se estivesse a segurar uma espada.

– O que isso significa? – indagou Caio, olhando Assis que se voltou ao jovem e, devagar, foi desarmando-se em um sorriso.

– Estou a escrever a continuação das "Memórias Póstumas de Brás Cubas", meu caro, que deve sair em capítulos pela revista Estação. Acho que se chamará "Quincas Borba". Quincas é um homem que criou uma filosofia: "Humanitas", princípio único, universal, eterno, comum, indivisível e indestrutível. Neste meu novo livro, tem um trecho que estou trabalhando para exemplificar as teorias desse meu filósofo doido. Uma guerra! Duas tribos que se encontram, frente a frente, perto de uma plantação de batatas que só dará para sustentar uma delas. É a luta pelas batatas. Pela sobrevivência. A tribo que vence ganha as batatas.

– A vida é uma plantação de batatas – filosofou Caio.

– Onde só os mais fortes sobrevivem e os fracos e ingênuos são manipulados e aniquilados – frisou Koseritz.

– É mais do que isso, meu amigo! – entusiasmou-se Assis. – As batatas mal dão para alimentar uma das tribos, mas mesmo assim essa tribo adquire forças para transpor a montanha e ir à outra vertente, onde há batatas em abundância; mas, se as duas tribos dividirem em paz as batatas do campo, não chegam a nutrir-se suficientemente e morrem de inanição. A paz, nesse caso, é a destruição; a guerra é a preservação. Uma das tribos aniquila a outra e colhe os despojos. Daí a alegria da vitória e todos os demais efeitos das ações bélicas. A guerra é isso: o motivo real por que o homem só comemora e ama o que lhe é aprazível ou vantajoso e por que nenhuma pessoa glorifica uma ação que a destrói. Ao vencido, ódio ou compaixão; ao vencedor, as batatas.

– O jeito então era não chegar a essa situação – disse Caio, pegando o copo. – De qualquer forma, acho que devíamos unir as tribos e plantar mais campos de batatas.

– Isso não existe – discordou Assis sem se exaltar. – Uma tribo sempre acaba subjugando a outra.

– No nosso caso – completou Koseritz –, acho que o mal ainda não está totalmente feito, devemos plantar mais ideias contra a escravidão não só do corpo como do espírito o mais rápido possível. Acho que deveríamos investir na tentativa de evitar que ocorra uma guerra declarada.

– Ah, está inspirado? – riu Assis, olhando para o alemão.

– Só inspirado. Nunca terei sua alma de poeta.

– Não creio que precise de alma de poeta neste caso, e sim de alma humana; e isso você tem de sobra.

– E como então define a alma humana, meu caro?

– Eu diria que a alma é uma casa de pensão. Cada quarto abriga um vício ou uma virtude. Os bons são aqueles em que os vícios dormem sempre e as virtudes velam, e os maus... São as botas na frente da porta. Mas botas apertadas são uma das maiores venturas da terra, porque, fazendo doer os pés, dão azo ao prazer de descalçá-las.

– E você, meu caro poeta, sabe que os fazendeiros estão dizendo que o governo age com muita bondade com esse novo projeto para dar a liberdade...

– Não admito quando alguém diz que a abolição é uma bondade branca! – zangou-se o poeta Cruz e Souza com os punhos cerrados sobre a mesa. – Para mim, não basta uma Lei do Ventre Livre ou esse novo projeto, esse que liberta escravos velhos. É claro que os barões vão ficar felizes em libertar os velhos que não servem mais para nada. Isso tudo é para nos contentarmos com só um punhado da pura e clara liberdade. Não adianta lhes dizer o quanto nós, moralmente, devemos ter os nossos direitos reconhecidos no mesmo patamar que os dos brancos. O que nós precisamos é conquistá-los.

– Você é muito novo, Souza – comentou Assis. – Ainda mudará muito a sua maneira de agir e o tom de suas poesias. Terá de aprender a não se envolver de forma tão carregada de emoção.

– Eu não sei como manter a frieza com algo que me persegue desde a infância. Não posso ser omisso.

– E nem deve, mas você precisa usar a ironia como arma e jamais deixar que o atinjam sobre sua origem. Eu, por exemplo, sou neto de negros alforriados e nunca tive vergonha disso.

– Mas tem gente que considera você omisso em relação à campanha abolicionista.

– Sei disso muito bem! – ria Assis. – Segundo esses críticos, minha obra é acusada de "não tratar do mundo do trabalho, especialmente da exploração da mão-de-obra escrava". Isso tudo porque não crio um "herói negro". Pois é sobre isso que estou a discutir. Não vou ficar a bradar às armas ou a fazer palanques quando tenho a pena a meu favor. Se quiser saber, luto contra a discriminação e para isto basta ler meus livros "Helena" ou "Memórias Póstumas de Brás Cubas", por exemplo, e ver que os senhores de escravo morrem ao longo do enredo. E em "Dom Casmurro", um livro que ainda estou a imaginar, penso em fazer com que a morte do senhor marque o início da narrativa. Quero revelar um mundo de viúvas e herdeiros onde mostrarei a decadência da velha família patriarcal, escravocrata e oriunda dos tempos da colônia.

– Não sei usar a ironia como você, Machado, mas estou a fazê-la na forma de gritos vermelhos e suspiros mais profundos.

No ímpeto do desafio que Cruz e Souza sentia nas palavras de Machado de Assis, levantou-se e declamou:

Ninguém sentiu o teu espasmo obscuro,
Ó ser humilde entre os humildes seres.
Embriagado, tonto dos prazeres,
O mundo para ti foi negro e duro.
Atravessaste num silêncio escuro,
A vida presa a trágicos deveres.
E chegaste ao saber de altos saberes,
Tornando-te mais simples e mais puro.
Ninguém te viu o sentimento inquieto,
Magoado, oculto e aterrador, secreto,
Que o coração te apunhalou no mundo.
Mas eu que sempre te segui os passos,
Sei que cruz infernal prendeu-te os braços
E o teu suspiro como foi profundo!

– Bravo! – aclamaram todos os companheiros do poeta, acompanhados por aplausos ecoando das outras mesas.

– Você não está sozinho, Souza – observou Chiquinha. – Como pode ver, Machado mostrou como luta e eu também estou a lutar em duas guerras.

– Como assim? – indagou Caio.

– Minha mãe era mulata e só se casou com meu pai militar quando eu já tinha três anos. Pois veja que tenho a luta pela abolição da escravatura e também pela independência feminina em minha alma e em meu sangue.

– Mas você já parece ter uma vida bem independente.

– Porque estou sempre a batalhar, meu rapaz. Desde cedo, fui educada aprendendo a ler e a escrever, a fazer contas e, principalmente, a tocar piano. A música tornou-se minha grande paixão. Cresci ao som de polcas, maxixes, valsas e modinhas e participava das festas domésticas com grande satisfação. Foi assim que, no Natal de 1858, compus minha primeira música. Mesmo com todas essas vantagens que a maioria das mulheres não tem até hoje, meu pai me obrigou a casar com Jacinto. Eu com dezesseis e ele com 24 anos. Deveria finalmente me transformar em uma dama... Mas a minha paixão pela música me fez enxergar que não era esse o meu caminho. Separei-me do meu marido.

– Algo nada comum por essas bandas – comentou Assis.

– Pensei que meu pai me entenderia, mas ele me expulsou de casa! – lastimou Chiquinha, contemplando o copo vazio com seus olhos e retendo com profunda tristeza. – Como meu próprio pai, que também havia contrariado a família para se casar com minha mãe, pôde fazer isso comigo? Ele até hoje me considera morta. Como! Ele não quis saber de mim nem olhou para o neto João, no meu colo, quando me mandou para fora – as mãos da mulher tremiam levemente com as agitadas lembranças. – Mas voltar atrás na minha decisão... Jamais! Parti, apesar de amar meu pai e de respeitá-lo. Parti pensando que essa era a oportunidade de seguir meu sonho: tornar-me uma compositora!

– Deve ter sido bem difícil – disse Carolina, mordendo os lábios. – Eu não sei se conseguiria deixar um marido e viver tão desamparada.

– A vida dá escolhas, minha jovem, e também dá forças para aqueles que acreditam em seus sonhos. Algo me diz que você também seguirá seu destino e com muita coragem.

– Mas viver sem um lugar para morar...

– Bem, quando se tem amigos, tudo fica mais fácil – voltou Chiquinha a se animar. – Eu fui recebida por meus amigos músicos e acabei por adentrar em uma carreira que vara a madrugada. Daí foi um passo para conhecer João Batista, o meu *bon vivant* com quem passei a morar e com quem tive uma filhinha, Alice Maria.

– Meu Deus! – ruborizou-se a filha do alemão. – E como o pessoal reagiu a esse relacionamento?

– Eu e ele mudamo-nos para o interior de Minas Gerais por causa das fofocas. Estava tão apaixonada que até me conformei em viver longe daqui, mas tudo mudou quando peguei João com outra mulher. Aquilo foi o que me mostrou que eu estava errada em esquecer meu sonho. Foi assim que resolvi, mais uma vez, arrumar as malas e voltar para o meu lugar.

– E a menina?

– Deixei com o pai.

– Mas como!?

– Querida Carolina – sorriu a musicista, acariciando o rosto da adolescente –, tanto o homem como a mulher deveriam ter os mesmos valores. Se ele pode trabalhar, eu também posso; e se eu consigo criar filhos, ele também deve conseguir.

– Vida de alforriado não é fácil – comentou Antunes. – Mas a vida de uma mulher que se rebela também não é.

– Decididamente, não fui feita para casar – prosseguiu Chiquinha. – Minha vida é a música. Dou aulas e faço o que for preciso, mas não vou mais trair minha paixão.

– Mas hoje conseguiu chegar ao topo em sua luta – sorria Koseritz. – Soube que conseguiu o cargo de maestrina.

– Isso realmente foi um marco, entretanto acho que ainda não é o topo. Ainda me incomoda quando tentam me provocar referindo-se a mim como "cabocla estonteante".

– Mas isso não é um elogio? – estranhou Caio.

– Não quando é seguido de calúnias, fofocas ou piadinhas. Tudo soa falso. Eu, às vezes, tenho vontade de gritar.

– Colonos italianos, alemães, mulheres e escravos... – o alemão ficara inspirado com a fala do amigo e com a divina bebida dourada. – Todos são de alguma forma imigrantes. Vindos espontaneamente ou forçados de suas origens, todos têm de lutar para achar o seu lugar e pela libertação de suas vozes.

– Só se for à base do grito e pancadaria, não é? – deduziu Caio, tomando mais uma taça de sorvete.

– Não, Caio – retrucou Carolina. – Não à voz do canhão. Mas sim à voz que emana da ponta da pena pousada no papel.

– Continua escrevendo suas poesias, Carol? – Souza deixou a filha do jornalista sem palavras. – Espero que encontre o brilhante sucesso como nossa Chiquinha.

– Isso que é uma lutadora – Koseritz olhou para a amiga. – Você tem fibra. Viver da música não é nada fácil, especialmente sendo uma mulher.

– E pretendo agitar muito mais. Ainda vou ser aceita como compositora, estrear a opereta "A Corte Na Roça" e... Estou com uma música na cabeça que ainda só tenho o refrão e não sai da minha pena.

– E qual é? – interessou-se Caio.

– Ó abre alas que eu quero passar...

– Demais! – empolgou-se Caio. – Foi você quem fez essa marchinha?

– Espera um pouco, rapaz – disse a musicista, assustada. – Eu ainda não fiz nada. É só um refrão.

– Mas... Mas pelo jeito vai agradar demais. Pode acreditar.

– E nisso eu também acredito – apoiou Assis. – Cada um luta do jeito que sabe, mas ninguém abre alas como nossa Chiquinha!

7. O Destino de Apulcro

A noite foi boa, mas longa. Naquela hora, já era mais aconselhável alugar uma carruagem. Caio, o pai e a bela filha seguiram para a Rua do Passeio, onde havia uma cocheira. Carolina contentava-se em apreciar um pouco as vitrines, a maioria delas fechadas, e Caio começou a reclamar de uma latente dor de cabeça. As ruas estavam mal iluminadas, todavia o grupo caminhava tranquilamente, quando o jornalista, seguindo seu instinto, pressentiu que algo estava errado. Olhou para trás, devagar, e, num relance, viu uma sombra se escondendo. Sem dizer nada, foi empurrando os outros dois, apressando o passo. Um barulho assustou-o, mas, logo, em seguida, Carolina, estranhando o comportamento do pai, descobriu que o som era apenas de uma lata de lixo que tombara.

Estavam já se aproximando da cocheira quando, à sua frente, viram um homem bem-vestido que passava acomodado numa carruagem e acompanhado por uma mulher que ria alto sem parar.

Ouviram-se, então, gritos vindos detrás do beco, por onde os três visitantes há pouco tinham passado. Homens com rostos encobertos por panos, com uma grande selvageria, descarregaram de uma só vez sua cólera descontrolada, tentando frear os cavalos atrelados. Uma mão robusta, surgida da penumbra, agarrou o homem sentado na carruagem que, no susto, deixou cair sua elegante bengala de cabo de ouro. A turba cercou as suas vítimas, concentrando-se mais no apavorado, o qual já se defendia usando a mulher, em prantos, como escudo. A refém foi largada no chão, e a lâmina de uma faca brilhou, atraindo a atenção dos três que se encontravam escondidos. De repente, cravaram repetidas vezes a arma afiada no peito do homem mulato, que se defendia desesperadamente com as mãos nuas, as quais, rapidamente, ficaram cobertas de um rubro aterrador.

A jovem, caída, estava prestes a ter o mesmo fim, mas um dos integrantes avistou os três na penumbra e avisou ao restante. Koseritz pôs-se a correr segurando a mão da filha, e o pessoal foi ao encalço das testemunhas. Caio, para retardar aquele estouro de desumanos, empurrava vários latões de lixo que rolavam rua abaixo. Mas o truque durou pouco. O pessoal saltava sobre os caídos e punha-se a caçar o metido a herói. Um homem corpulento, com um lenço cobrindo parte do seu rosto, agarrou-o e ameaçou-o com a faca ensanguentada, pressionando a ponta aguçada bem debaixo do seu queixo. As gotas de suor misturadas com o filete de sangue do pequeno corte no queixo desciam pelo pescoço do rapaz. Sem hesitar, Caio conseguiu soltar-se dando um chute no joelho do assassino e correu o máximo que pôde. Na escuridão, decidiu continuar por um caminho à esquerda. Por azar, deu em um beco sem saída... O pessoal aproximava-se erguendo suas armas. Caio tremia até a alma e procurou, nos arredores, uma maneira de esconder-se, contudo não havia nada à sua volta.

Um homem encapuzado, todo de preto, surgiu dobrando a esquina. O demônio negro chamou os seus companheiros no mesmo instante em que erguia uma pistola. Ele apontou para o rapaz... A bala foi disparada.

“Nãaaooo!”, gritou Caio em pensamentos.

Parado. Tudo parou. Nenhum gesto, nem mais um grito... Tudo estava inativo. O som das batidas do coração, em choque, de Caio era a única coisa que rompia o silêncio que subitamente o cercava. Tudo ao seu redor, inacreditavelmente, mergulhou num tempo congelado. O homem sustentando a arma, à frente da sua vítima, mantinha-se imóvel. A bala! O projétil prateado estava suspenso no ar bem rente à testa de Caio!

Um vento leve, vindo de cima para baixo, soprou provocando um distúrbio nunca visto. Tudo em volta tomou a forma de uma imagem trêmula. Ondas e mais ondas foram distorcendo as paredes do beco sólido e os homens em fúria.

Caio, ofegante e limpando a testa do suor frio, mantinha-se inerte diante da situação, a qual mais lhe parecia um pesadelo interrompido exatamente no momento fatal. De repente, sentiu uma mão pesada de pele escura lhe agarrando pela gola da camisa e que, rapidamente, foi içando o seu corpo. Assustado, ainda tentou a todo custo impedir, mas o homem nem se incomodou com seus agitos no ar.

– Fique quieto! – pediu o sujeito. – Não queremos machucá-lo.

No meio das tentativas de soltar-se, Caio fincou suas mãos no braço do estranho. No mesmo instante, sentiu o toque de um frio metal. Com movimentos mais bruscos, suas unhas acabaram por ativar o objeto metálico em forma de bracelete.

– Não faça isso! – gritou desesperado o homem. – Pare!

Um vendaval formou-se e, aos poucos, o tempo foi retornando ao seu ritmo normal. A bala prosseguiu seu trajeto, todavia acabou apenas ferindo a parede. A multidão, outra vez ativa, aproximou-se do beco, porém só encontrou o encapuzado andando em círculos. Um barulho de trote de cavalos fortes e rápidos aproximando-se do local fez toda aquela gente dispersar-se. Logo, as ruas abandonadas foram sendo tomadas por um grupo de policiais em suas montarias.

Caio, ainda lutando no ar, acabou conseguindo soltar-se, tombando no chão. Ao olhar para cima, ficou espantado ao notar que o homem que o salvara da morte certa apenas usava uma calça preta justa no corpo. Os olhos do salvador eram amarelados, brilhantes e suas pupilas refletiam como as de um felino. Com medo de ser visto, o estranho virou-se e pôs-se a escalar as paredes tal como uma lagartixa. Ao atingir o topo do prédio, uma mulher, trajando uma longa capa verde-escura, que lhe cobria até a cabeça, amparou o companheiro. Por um breve instante, ela olhou para o garoto boquiaberto e deu um leve sorriso. No final, os dois desconhecidos desapareceram acobertados pela noite agitada.

Mesmo atordoado, Caio abandonou o beco e voltou para a estrebaria. Lá, um oficial já estava diante do corpo jogado na lama, e um soldado consolava e cuidava das feridas da pobre mulher.

Nenhum dos policiais percebeu a presença de Koseritz, muito menos quando impediu Caio de se aproximar do local. Antes de se retirar, levando os dois jovens, o velho jornalista deu uma última olhada para o policial limpando o rosto enlameado do homem tombado. Foi só neste momento que reconheceu o morto como sendo Apulcro, o dono do *Corsário*.

– É! – desabafou Koseritz.– Enfim, o sensacionalista tomou seu próprio veneno. Amanhã, vai virar notícia e temo que seu assassinato fique impune, pois, como ele mexeu com muita gente importante, ninguém vai querer denunciar os culpados – o alemão, junto aos dois, virou-se e saiu de perto da cena do crime.

8. Empacamento no Jardim Botânico

Na manhã seguinte, já recuperado da noite tenebrosa, Koseritz providenciou uma carruagem que os levou ao Jardim Botânico. Era um domingo quente, perfeito para se passar num lugar refrescante, comendo e se divertindo. A felicidade refletida no rosto dos três animados só foi embora quando o trajeto, margeado, de um lado, pelas belas espécimes de palmeiras que limitavam o Jardim Botânico e, do outro, pela Lagoa Rodrigo de Freitas com suas águas escuras, tornou-se muito estreito para o intenso trânsito fazendo os cavalos diminuírem o trote e irem cada vez mais devagar, mais e mais devagar... Até finalmente pararem de vez. Os segundos foram transformando-se em minutos e em horas intermináveis de espera e a comida da cesta, preparada por Carolina, já desaparecera. Os ocupantes das outras inúmeras carroças que os cercavam, levando famílias inteiras, também, estavam aborrecidos.

– Por que todos tinham de vir aqui ao mesmo tempo? – resmungou o jornalista, enxugando sua testa com um lenço.

– Então, u sinhô num sabe? – falou num tom maroto o condutor. – Hoje, tem uma grande festa prá um prínce alemão. U imperador vá inaugurá uma sssposição de plantas da Alemanha. Vá tê música e dança dia inteiro.

– Que príncipe é esse? – perguntou Caio.

– É o jovem príncipe Henrique, neto do Kaiser Guilherme, em viagem de instrução pelo mundo, a bordo da corveta alemã Olga – explicou Koseritz.

– E o imperador? Como vamos encontrá-lo? – indagou Carolina, segurando sua sombrinha e abanando-se com um leque.

– Ah, sssei não, sssenhorinha – falou o condutor, pegando um balde para refrescar os animais superaquecidos. – Eu acho té qui essa hora, ele e u tal prínce já deve de tá é longe. Pelo qui sei, daqui u imperador ia passá nu Corcovado, depois nu musê... oou nu bservatório?

– Então, leve-nos para lá! – exigiu o alemão. – Leve-nos para o Corcovado.

– Ó sinhô, vá levá um tempinho. Quandu tem esse trânsi ruinzim... U jeito é esperá.

Temendo perder mais tempo naquela carruagem de mulas e mais o condutor, todos empacados, os três apressados decidiram abandonar aquela rua e correr no meio do trânsito de carruagens. Caminharam em direção a uma charrete que logo se pôs em marcha, assim, mostrando toda a potência de dois cavalos de "meio-sangue". Não demorou muito e a charrete já estava próxima do velho reservatório do aqueduto do Carioca, que armazenava a água dos dois rios que nasciam ao pé da montanha do Corcovado. Os três desceram do veículo e pegaram o trem que ligava o trecho de Cosme velho até as Paineiras, onde estava sendo inaugurado o último trecho da estrada de ferro ligando as Paineiras ao Corcovado.

Ao chegar ao local, Koseritz ficou desanimado. Estava repleto de curiosos que simplesmente esperavam, em uma fila sem fim, pela chance de seguir viagem pela estrada de ferro do Corcovado, inaugurada há poucos instantes por D. Pedro II. Como os três atravessariam aquela enchente de homens, mulheres, vendedores, sorveteiros, fruteiros e até os insistentes engraxates? Como fariam para encontrar o imperador que estava fazendo o passeio inaugural? E pior! Como encontraria Caio e Carolina que cismaram de desaparecer?

Koseritz custou a encontrar os dois fujões, que estavam a refrescar-se na cachoeira atrás do hotel das Paineiras. Depois de ter dado aquela bronca nos dois, prosseguiu, com os dois retardatários bem atrás, até o topo da montanha em busca da família real, a pé.

Apesar de Carolina estar usando um vestido longo, nada apropriado para aquela empreitada, os três insistentes foram atravessando o trajeto cercado por árvores gigantes, cipós que cobriam um condutor de água, rochas encobertas por musgo, água cristalina na margem do caminho... Foram subindo e desbravando uma passagem estreita traçada por uma variedade de flores e de pequenos animais. Uma jaguatirica olhava desconfiada para aqueles bichos de duas patas vestidos... Mais adiante, duas pequenas cotias atravessavam o caminho de um lado, enquanto, do outro, uma paca escondia-se bruscamente no mato denso. Esquilos saíam fora do caminho e subiam pelo tronco de uma árvore tão alta que mal se conseguia ver o topo... Uma família de micos saltitava pelos galhos, tendo o cuidado de proteger a fêmea do grupo que mantinha seu pequeno filhote agarrado no peito... Filhote este vigiado com muito interesse por um casal de gaviões...

Tudo era visto num relance pelos três. A aflição do alemão não dava trégua nem para um breve descanso. Em outras circunstâncias, certamente, Koseritz daria a sugestão de pararem por ali para fazer um piquenique. Mas, talvez, numa próxima vez. Esboçavam rostos desanimados tanto Carolina como Caio, que também já haviam pensado nisso e, agora, despediam-se dessa deliciosa ideia.

Após quinze minutos, os três viram-se diante do final do condutor de água que dava no novo reservatório da cidade. E mais um pouco, já estavam atingindo o topo.

Caio e Carolina retomavam o fôlego, mas logo voltaram a perdê-lo. Bem devagar, a expressão dos rostos dos dois foi alterando-se para um puro espanto. Carolina abriu a boca para falar, contudo a voz não obedecia. Em vez disso, só conseguiu movimentar a cabeça para frente e, depois, para os lados e foi tentando distinguir aquela imensidão deslumbrante de mar, céu e montanhas que se erguia diante dos visitantes, exibindo todos os segredos do Rio de Janeiro do século XIX.

Um par de olhos era insuficiente para poder encarar toda aquela imensidão que os cercava por todos os lados, sem defesa contra aquela estonteante visão. Não era possível captar tanta beleza, sem se perder. Devagar, Caio e Carolina foram deparando-se com cada canto daquela paisagem sem igual.

De todos os lados, montanhas selvagens como o Pão de Açúcar emergiam de um interminável mar de um azul intenso que rastejava pelas areias sem fim. Em outros pontos, morros fundiam-se com florestas e vales e seus topos eram mal camuflados pelas ralas nuvens baixas. Daquela distância, a grande baía parecia estar sendo protegida apenas por minúsculas fortalezas. Voltando a cabeça, Caio viu que lá estava o Jardim Botânico e a Lagoa Rodrigo de Freitas que, apesar de sua grande extensão, suas águas escuras estavam sendo agitadas apenas por pequenos barcos de pescadores. Do lado direito, abriu-se um leque de praias desertas margeadas por uma vegetação pontilhada por copas de árvores coloridas. Mais adiante, detrás de uma fina camada de nuvens que a cobria como um véu, uma misteriosa montanha despontava com sua imponência. No seu topo, repousava um imenso bloco de granito com a forma de uma cabeça humana. Seus traços, que tinham sido esculpidos pelo vento, lembravam muito o rosto barbudo de D. Pedro II.

Com o coração na boca, Carolina aproximou-se de um penhasco e, olhando para baixo, encontrou uma imensa floresta, cercada de vales polvilhados por centenas de chalés com jardins. Formavam a parte nobre da cidade e, ao pé da montanha do Corcovado, podia-se ver também um mar de casas mais humildes, residências dos trabalhadores que haviam construído a estrada de ferro até o Corcovado. Carolina respirou fundo. O ar estava impregnado pelo cheiro da mata, mesclado com a mais pura sensação de liberdade.

O encanto do lugar só foi quebrado com os gritos de Koseritz para que Carolina e Caio o seguissem. A determinação do alemão o tinha mantido cego para toda aquela paisagem e, com isso, ele pôde avançar na caminhada, chegando ao final da linha do trem. Com muito esforço, Koseritz tentava avistar o imperador naquela nova massa humana que se aglomerava por ali.

– O imperador? – disse uma doceira, tratando de responder ao jornalista. – Ele já foi. Pobre coitado! Logo ele que gosta tanto daqui e que sonhou tanto em trazer as pessoas para conhecerem essa vista...

– Para onde ele foi, minha senhora? Para onde? – perguntou Koseritz, aflito.

– Pelo que eu ouvi dizer, ele foi para o museu. Aceita um docinho?

Tudo por montanha abaixo, pensou Koseritz, sem esconder seu desapontamento. Mas, teimoso como ele só, lá se foi novamente, acompanhado por Carolina e Caio, em perseguição ao soberano. Os três pegaram o bonde e retornaram à cidade.

9. A Múmia

Aquele calor no trânsito congestionado aumentara as dores de cabeça de Caio e forçava-o a espremer os olhos. Após uma enervante espera, a carruagem conseguiu, finalmente, pegar uma rua à direita e desviar para o museu. O alemão, muito nervoso e ainda com esperança de encontrar a realeza, nem reparou que havia pagado em excesso ao condutor. Ele pulou da condução e, sem pensar, foi desmatando o caminho, afastando uma por uma as pessoas que se encontravam à sua frente. Ao atingir o seu destino, a entrada do museu, o jornalista, apressado, acabou dando um encontrão num homem alto e magro, segurando um pesado livro.

– Koseritz, é você? – disse o homem admirado, pegando o livro no chão. – O que deu em você, homem?

– Ladislau, perdão! – o jornalista, nervoso, ajeitava a gravata e os óculos do amigo. – Estou procurando Sua Majestade. Ele está?

– Não, ele já saiu. Sua Majestade deve estar, neste momento, na cúpula de observação, estudando os astros. E você sabe que, quando ele vai lá, chega a perder a hora... Como sempre, ele deve se empolgar com o estudo e vai acabar pernoitando por lá mesmo no seu apartamento.

O imperador tem um apartamento no observatório? – cortou Carolina. – Essa eu não sabia.

– Ah, sim! Se D. Pedro não fosse imperador, certamente, seria um astrônomo. Ele é um grande entusiasta das ciências. O observatório foi criado pelo imperador que, ainda por cima, trouxe astrônomos europeus, porém, antes disso, ele chegou a doar os instrumentos do seu observatório particular para os estudantes.

– Bem, se o imperador vai ficar parado lá, então, temos uma chance de vê-lo. Vamos lá, pai?

– Calma, minha querida. Calma! Já vamos.

O homem, curioso, olhou para a jovem impaciente. – E afinal, meu caro Koseritz, não vai me apresentar essa encantadora senhorinha?

– Ah, sim. Desculpe-me. Ladislau Netto, essa é Carolina, minha filha, e este rapaz é... – o jornalista olhou para todos os lados e ficou assustado. – Onde está Caio?

– Não sei! – Carolina estava ajeitando a roupa e o chapéu e, num tom irônico, falou. – Nós devemos tê-lo perdido quando o senhor furou a fila, não é, pai?

– Aahhhh!

Um grupo de mulheres gritando apavoradas disparou pelos corredores do museu, atropelando os três que estavam ainda na porta principal.

– Senhor diretor! Senhor diretor! – chamava um vigia, correndo para perto de Ladislau.

– O que foi que aconteceu, Tobias? – o diretor teve que segurar o caboclo totalmente sem cor para freá-lo. – Pelos Céus, homem! Olha a compostura. Parece até que viu um fantasma.

– É pior, senhor! Aquela coisa! Uma daquelas coisas que o imperador doou para o museu. As que colocamos em exposição hoje... Está viva! Vivinha da Silva!

– Do que você está falando? – Koseritz, intrigado, já colocava a filha nas suas costas, protegendo-a.

– Das Múmias! Eu vi! O caixão de uma delas se mexeu.

– O sarcófago mexeu? Que loucura é essa?

– Eu vi, *mademoiselle*! – insistiu o alucinado guarda. – Todo mundo viu.

– Vamos até lá! Carolina, fique aqui.

– De jeito nenhum, pai! Eu vou sim!

Koseritz viu a expressão zangada da filha teimosa e ficou sem jeito.

– Está bem, querida, vamos logo ver essa coisa.

Com a confusão e o adiantar da hora, a sala egípcia encontrava-se escurecida. Os três, escoltados pelo trêmulo guarda, entraram devagar. O diretor, demonstrando uma confiança inabalável, prontificou-se a seguir em frente sozinho. Foi se aproximando até a tampa da urna e ergueu-a com calma.

O rangido da velha madeira fazia com que Carolina apertasse, sem notar, o braço forte do pai. O diretor olhou para o interior da câmara mortuária e suspirou aliviado.

– Não tem nada aqui, a não ser uma múmia bem morta. Esse povo! Que imaginação! Mas espere um pouco – Ladislau revistou a urna. – Onde está a valiosa mortalha de linho que cobria a múmia da princesa? – enquanto o diretor resmungava, os olhos do empregado começaram a arregalar-se ao reparar que, atrás do diretor...

– Uuuuhhhh! – seguindo a direção de um gemido, depararam-se com a visão de uma pequena fresta de luz emanada de uma nuvem azul-clara brilhante fechando-se rapidamente às suas costas.

– Ai, Nossa Senhora! Sai de ré, Satanás! – berrou Tobias, tremendo com o cabelo em pé ao ver uma figura sinistra na penumbra. – É o fim do mundo!

O gemido aumentou, dessa maneira, espalhando-se pela sala. O guarda, apavorado, empurrou o jornalista e fugiu, enquanto o diretor, ao encarar, foi andando de costas, tropeçando e gaguejando. – Fujam! É a maldiiiçããão da mmmmúuuumia!

O ser fantasmagórico foi caminhando em direção aos dois únicos seres vivos daquela sala gelada. Koseritz, ainda segurando a assustada Carolina, armou-se com uma lança que estava pendurada na parede, antevendo o pior. Quando o bravo pai se preparava para se defender, o assombro soltou um forte grito:

– Uuuuuhhh! – descobrindo a cabeça da mortalha, o misterioso revelou-se. – Que frrrrrio!

– Caio! – exclamaram os dois espantados.

Lá estava o garoto caído no chão, enrolado no manto de linho, tremendo de febre.

Após uma curta explicação para o furioso diretor, todos, agora mais relaxados, ajudaram a carregar a ex-assombração desacordada para a elegante carruagem do diretor e levaram-no para o hotel.

10. A Febre Amarela

Ao verem o acamado naquele estado, muitos hóspedes ficaram apavorados. Eles temiam tratar-se da terrível febre amarela e, assim, acabando de vez com o último refúgio do Rio ainda sem nenhum caso diagnosticado. Por uma sorte do destino, um homem de olhos pretos e com o rosto cheio de sardas, vestindo um terno e carregando uma maleta, apareceu entre os hóspedes nervosos e apresentou-se como médico.

– O mocinho vai ficar bom – relatou o médico, fazendo um rápido exame. Em seguida, deu a Caio um copo de água misturado a um pó esverdeado.

– O que é isso? – interrogou o alemão, intrigado.

– Ah, senhor, nada demais. Estou apenas dando um remédio para que o garoto se recupere o mais rápido possível.

– Ele está doente? – preocupou-se Carolina. – Ele está com a febre amarela? – os outros hóspedes ficaram temerosos.

– Calma! – pediu o médico. – O rapaz está bem. Ele foi picado pelo mosquito *Aedes aegypti*, mas, agora, a febre está sob controle.

– *Aedes* o quê? – estranhou Koseritz. – De que o doutor está falando? Afinal, ele está com febre amarela ou não?

– Qual o problema de ser picado por um inseto? – riu uma senhora de cabelos grisalhos na frente da porta do quarto. – Até parece que um insetinho pode ser o causador de uma epidemia.

O médico, meio sem graça, voltou-se para o alemão.

– Queira desculpar-me. Eu quis dizer apenas que o paciente está com febre causada por uma forte gripe. Tenho atendido a tantos chamados que já estou dizendo coisas estranhas.

– Estranhas mesmo! – disse um dos hóspedes, um moreno de óculos, segurando um livro. – Onde já se viu ter medo de uma picadinha de mosquito.

– É! – apoiou a senhora. – Imagina se a gente tivesse que se preocupar com mosquito. Do jeito que o Rio está infestado, não ia sobrar ninguém.

Todos os hóspedes puseram-se a rir da possível tragédia, exceto Carolina e seu pai, que ficaram observando o médico desajeitado. Logo depois, sem encarar os dois desconfiados, o médico saiu de mansinho.

O tempo passou e, aos poucos, Caio recuperou-se plenamente. Nesse período, desabaram diversos temporais, desse modo, deixando o hotel novamente isolado. Caio, sem nada para fazer, foi ao quarto do jornalista e encontrou Koseritz e a sua filha sentados de frente a uma mesinha no canto da saleta.

– O que estão fazendo? – indagou Caio.

– Estamos aproveitando o tempo ruim para colocar em dia as cartas e os artigos – respondeu Carolina sem parar de colocar os papéis nos envelopes.

– O jornal do Sul quer que eu envie meus artigos – emendou o alemão, aflito, tentando organizar uma pilha de folhas a sua frente. – Ai, não posso me esquecer de relatar as dificuldades que estou tendo para obter uma audiência com o ocupado soberano. Assim, eles terão uma ideia do quanto esta entrevista é valiosa.

– Essa entrevista está mais parecendo uma novela – ironizou Caio.

O jornalista ignorou a brincadeira ao ouvir a dona do hotel chamá-lo para atender um telefonema. Deixou os dois jovens com a confusão de papéis e foi atender. Caio aproveitou para dar uma olhada em algumas folhas já separadas num canto.

– Estas folhas estão em alemão – estranhou o garoto. – O jornal do Sul é só para os alemães?

– Ah não, Caio – disse Carolina, sorrindo. – Papai sempre faz os artigos em alemão porque ele possui um jornal alemão, o Koseritz Deutsche Zeitung – (jornal alemão de Koseritz), assim como também tem outro jornal, escrito em português, o Gazeta de Porto Alegre.

– E eles vendem bem?

– Bem, a *Gazeta* tem boa circulação, inclusive aqui na capital do Império. O próprio imperador recebe regularmente os dois jornais. Além disso, papai também colabora em vários jornais.

– Então, Koseritz deve ser bem rico.

– Que nada! A tiragem da *Gazeta* é boa, mas nós mantemo-nos apenas com um pequeno espaço no jornal para as propagandas, as assinaturas e a venda nas ruas.

– Mas isso tudo deve dar muito trabalho.

– Mas vale a pena, Caio.

– E do que se trata esse artigo aqui?

– Esses são os relatos que um amigo do papai passou para ele por telefone – Carolina pegou uma das folhas da mão de Caio. – Esse aqui, por exemplo, narra a visita de Dom Pedro ao colégio batizado com o nome de Sua Majestade. O próprio Pedro II está promovendo a Exposição Pedagógica, onde o objetivo foi reunir o maior número de professores, incluindo os estrangeiros, para poderem trocar suas experiências e ter a chance de informarem-se das novidades da Europa, Estados Unidos e América Latina.

– Pelo jeito o imperador preocupa-se muito com o ensino.

– Nem imagina o quanto. Semanalmente, o imperador visita os cursos. Agora, nesta exposição, ele também exigiu que fossem colocados, em exibição, para o público em geral, objetos como mapas, globos e as mais diversas coleções de livros e trabalhos para formações tão diversas como culinária, costura, escultura... – Carolina olhava para as folhas, um pouco desanimada. – Por que tínhamos de ficar ilhados aqui em Santa Teresa? Meu pai ia gostar tanto de ver essa exposição, para ele, seria muito especial.

– Por quê?

– Ora, meu pai já foi professor. Ele gostava muito de ensinar, principalmente, matemática. Ele até já chegou a fundar uma escola, tanto para meninos como para meninas, mas, infelizmente, teve de fechar por causa dos pais dos alunos.

– Dos pais? Que história é essa?

– Alguns pais achavam que o ensino era liberal porque ele ensinava os alunos a pensarem por conta própria.

– E isso não é bom?

– Para esses pais conservadores? Você deve estar brincando! Vai levar ainda muito tempo para que, algum dia, alguém chegue à conclusão de que não se aprende apenas com fórmulas ou decorando nomes de países, rios e planaltos...

– Eu sei muito bem o que é isso.

– Sou uma das poucas que tiveram a sorte de poder estudar, de aprender a raciocinar e, assim, tirar minhas próprias conclusões... – Carolina apoiou o queixo na mão e suspirou. – É, acho que ainda vai custar muito para mudar essa situação.

– É uma pena! – lamentou Caio, reparando nos olhos verdes desanimados da jovem.

Carolina deixou seus pensamentos de lado. Lentamente, seus olhos foram sendo atraídos em direção ao olhar envolvente de Caio. Um calor percorreu seus corpos e os rostos ruborizaram de desejo... Os lábios, com um leve tremor e umedecidos, já sentiam o leve toque de um beijo.

– Finalmente! – interrompeu o alemão, fazendo os dois enamorados afastarem-se do flagrante. Koseritz, sem reparar nas feições desconcertadas dos dois, contou a novidade, eufórico. – Após tanta insistência do meu amigo Flores, conseguimos uma audiência no palácio de São Cristóvão.

– Opa! – vibrou Caio, golpeando o ar. – Já não era sem tempo.

– Mas como iremos, pai? Como vamos atravessar esse dilúvio?

– Não quero saber – o alemão deu um murro na mesa. – Vou remando, vou a nado, mas eu chego lá. Então, vocês vêm comigo?

– Ué, vamos – disse Caio. – Depois de duas semanas chuvosas sem nada pra fazer, já estava na hora de encarar mais um capítulo da novela: "À Procura de D. Pedro".

– Então, está resolvido – apoiou Carolina. – Mas dessa vez vou levar minhas galochas e minha capa. Pai, o que acha de eu levar um presente para o imperador? – a filha ficou a vasculhar por entre os papéis na mesa até esbarrar num livro com capa de couro. – O senhor acha que o imperador iria gostar do meu livreto com minhas poesias? – ela interrompeu a sua animação ao reparar na expressão do pai, que parecia desconsolado. – Mas o que houve, pai? Tem alguma coisa lhe incomodando?

– Infelizmente, recebi uma triste notícia. Lembra-se de um jovem chamado Alessandro Salvatti, que nós conhecemos em Porto Alegre?

– Aquele professor de piano? Claro! O que tem ele?

– Alessandro também possuía uma bela voz de barítono tal como o seu irmão Federigo. Os dois estavam aqui no Rio, pois pretendiam embarcar para apresentarem-se juntos na Europa.

– Mas o que aconteceu? – perguntou Carolina, preocupada.

– Alessandro foi arrebatado pela febre e morreu em menos de 48 horas.

– Mas não pode ser! Há poucos dias, nós o vimos tocar. Ele estava tão bem.

– E imaginar que tinha 32 anos, que era tão alegre. Quem sabe se tornaria um cantor famoso? – lamentou o alemão, cabisbaixo. – Mais tarde, irei ao telégrafo para enviar minhas condolências à esposa.

– Ele tinha filhos?

– Deixou dois meninos.

– Essa febre não perdoa ninguém – entristeceu-se Carolina.

11. A Educação segundo Rui Barbosa

O dia seguinte amanheceu com tempo bom, e Koseritz resolveu convidar Caio e Carolina para uma visita ao Senado.

– Vamos lá meus amigos, aproveitar este sol radioso. Primeiro, tenho um encontro com uma pessoa que eu admiro muito e, depois, farei uso da minha maior arma.

– Pai, você trouxe sua arma ou... Ai, não! O senhor quer dizer que vai...

– Isso mesmo, Carolina, minha maior arma... Vou afiar a minha pena! – Koseritz olhou para Carolina e Caio, que se entreolharam como se estivessem trocando confidências. O alemão caminhou até os dois amigos, que se encontravam um pouco recuados. – E, então, meus companheiros, venham comigo para esta batalha!

Chegando ao Senado lá pelas 10h30min, Koseritz, Caio e Carolina seguiram direto pela larga escada de mármore até uma elegante antessala decorada com móveis luxuosos. Daí foram para a sala das sessões, onde encontraram um homem que os cumprimentou.

– Bom dia, nobre colega Koseritz!

– Há quanto tempo! Como vai passando, Rui?

– Vou indo como posso, e você?

– Eu também vou indo – retrucou Koseritz, apoiando suas mãos nas costas de Caio e Carolina. – Rui, quero apresentar-lhe minha filha e meu assistente. Meus jovens, esse é o meu amigo Rui Barbosa.

– É um prazer conhecê-los! – o homem calvo, um pouco mais baixo que Caio, deu um forte aperto de mão em cada um e, em seguida, ajeitou os pequenos óculos que mal se apoiavam na ponta do nariz e voltou-se para Koseritz. – E, afinal, companheiro, o que o traz em nosso reduto?

– Vim aqui para falar sobre o novo projeto que incentiva a imigração, oferecendo recursos para produzirem aqui livremente...

– Como sempre, preocupado com os imigrantes. Que ótimo! Espero que tenha sucesso com o seu projeto.

– Assim também espero – Koseritz deu uma olhada no rosto triste do amigo. – Mas diga-me, meu amigo, por que está com essa cara? Pensei que iria encontrá-lo mais animado. Afinal, soube que recebeu o título de conselheiro do próprio imperador.

– É, recebi.

– Pois, então! Isso não foi bom?

– É claro que isso foi bom, porém teria ficado mais satisfeito se tivesse ganhado esse título pelo mérito de ter realizado um grande feito, e não apenas pelo reconhecimento do meu esforço.

– Mas o que houve, Rui?

– Durante anos, tentei elaborar uma proposta progressista para o sistema educacional brasileiro. Afinal, não estou interessado em ensinar pura e simplesmente o alfabeto e as quatro operações. Meu objetivo é ensinar a pensar e a compreender as instituições e construir a nacionalidade.

– Uma ideia inspiradora. E, então, como anda a proposta?

– Simplesmente não anda! Ela foi engavetada.

– Como assim?

– É o que estou a dizer, em reconhecimento aos meus esforços, engavetaram o meu trabalho e concederam-me o título.

– E você deixou assim, sem lutar?

– Às vezes, fico imaginando se estou realmente lutando com todas as minhas forças contra esse descaso com o futuro ou se estou apenas lutando em vão – refletiu Rui, de olhar apático em direção a Carolina e Caio. Respirando fundo, aproximou-se dos dois e apoiou suas mãos no ombro de cada um. – Ah, vocês, meus jovens, que são tão animados, inquietos, criativos e com a sua insaciável curiosidade por tudo que os rodeia. Por vocês, eu temo um futuro negro. Negro sob todos os ângulos. Como se já não fosse ruim a escravidão do corpo, os políticos querem manter a escravidão das mentes. A escravidão do negro é a mutilação do branco.

Koseritz aproximou-se do desconsolado.

– Você está abalado por causa da reforma do ensino que elaborou com tanta dedicação, mas que não foi aprovada, e com toda razão. Isso foi uma grande, mas uma grande perda.

– Quatro anos! – disse o homem, olhando para Caio. – Foram quatro anos que me dediquei à grande reforma. Fiquei ouvindo e anotando as ideias dos professores de vários pontos do Brasil, assistindo aulas e mais aulas e até estudando o ensino nos Estados Unidos e na Europa.

– É! – sorriu Caio. – Eu sei muito bem o que é ficar sentado o ano todo só ouvindo e anotando sem parar.

– Teria ficado dez ou até mais se, no final, eu tivesse realizado o sonho de fazer um ensino... Como gostaria, por exemplo, de ver um escravo alforriado estudando.

– Pra mim, estudar é uma escravidão – Carolina e Koseritz olharam para Caio, ambos impressionados.

– Ah, meu jovem, eu não o censuro por pensar assim – sorriu Rui, apoiando as mãos nas costas do jovem. – Mas o que você acharia se um escravo pudesse aprender uma profissão? Não acha que isso o libertaria totalmente? – Caio ficou sem responder. Rui, olhando para cima, buscando sua visão, prosseguiu. – Como eu gostaria de ver a instalação dos "jardins de crianças". Avançaríamos no tempo, com certeza, se as crianças pudessem frequentar desde cedo uma escola que as fizesse crescer como flores, brotando sua criatividade num espaço amplo, onde pudessem fazer suas investigações correndo num parque, observando a natureza, aprendendo tudo isso brincando... Se assim fosse, tenho certeza que os jovens jamais teriam a ideia de que a escola é uma prisão – Rui voltou-se para Caio e Carolina com uma expressão desconsolada. – Que atraso! Que grande volta ao passado. Como é triste ver que os jovens estão condenados a permanecer numa vida vegetativa, privados da luz da sabedoria e da liberdade de criar. Assim jamais poderão crescer e alcançar o futuro. Como seria bom vê-los fazendo educação física, música, desenho, química...

– Química! – exaltou-se Caio. – Eu detesto química. Pra que, afinal, eu preciso estudar essa droga?

– Droga? Química é uma droga? – reagiu Rui, que, em seguida, ficou a acariciar seus longos bigodes. – Pensando bem, rapaz, a química é uma droga – Caio deu um sorriso vitorioso. – Contudo acredito que só poderíamos chamar química de droga quando esta estivesse sendo empregada, por exemplo, no tratamento do controle de pragas, auxiliando o agricultor. É, tem razão. A química pode ser também o remédio, a solução dos problemas de um fabricante de tecidos ou de uma lavadeira.

– Que droga! – insistiu Caio com as mãos nos quadris. – Eu continuo dizendo que eu não preciso estudar química. Eu não quero ser agricultor, nem fabricante, nem lavadeira!

Rui, cruzando os braços, olhou de cima a baixo o estranho garoto.

– Parece, mocinho, que você só está afirmando o que eu já sabia: a reforma do ensino é imperativa. Você é a prova viva de que a educação poderia desenvolver habilidades necessárias ao trabalhador, desde que seus conteúdos fossem úteis e de caráter prático.

– Nisso você tem razão. Eu, sinceramente, não gosto de ir à escola. Só tenho saudades de lá das aulas de ginástica e dos recreios.

– E eu tenho saudades do que não vivi – murmurou Rui, apertando os lábios com força. – Tenho saudades de lugares onde não fui e de pessoas que não conheci. Tenho saudades de uma época que não vivenciei, lembranças de um tempo que, mesmo sem fazer parte do meu passado, marcou presença e deixou legado. Não consigo me conformar em saber que a futura reforma está num velho escaninho qualquer entregue à poeira.

– É um absurdo! – entristeceu-se Koseritz. – Como se não bastasse o ensino abandonado, a população mais analfabeta do que nunca, vemos essa grande chance jogada fora. E logo essa reforma que dava tanto valor a um ensino mais moderno, mais criativo, mais humano, acabando de vez com os castigos e tudo mais... Criança tem de ser alegre. Não gosto do sistema que faz as crianças fingidas e hipócritas. Quando eles vão entender que só seremos livres e independentes quando tivermos uma educação que estimule o raciocínio, as nossas próprias deduções, que nos ensine a termos nossas próprias opiniões?

– Isso tudo é um sonho, papai! – interrompeu Carolina.

– Mas o homem só se realiza quando crê nos sonhos, minha querida.

– Então, só os homens podem continuar sonhando com a chance de ir para faculdade? – Koseritz abaixou seus olhos sem resposta. – Sem essa reforma, pai, eu sei que vai custar muito, mas muito tempo para deixarem as mulheres frequentarem a faculdade, não é verdade?

– É, senhorinha – lamentou Rui Barbosa –, se ainda não consegui libertar as mentes de todos dessa nação, pelo menos terei que persistir na luta para libertar o corpo de nossos irmãos negros. Que coisa triste. Como isso está difícil.

Durante a conversa, os dois companheiros de Koseritz, Gruber e Blumenau aproximaram-se.

– E, então, Koseritz – disse Blumenau, cumprimentando todos com um aceno de mão –, pronto para a batalha? Vamos para a sessão?

– Mas cuidado quando entrar – alertou o velho Gruber. – O pessoal está mais revoltado do que nunca. O imperador dissolveu a câmara e estamos sem governo.

– De novo! – aborreceu-se o jornalista. – E por que foi desta vez?

– Por causa do projeto para libertar os escravos mais velhos. Muita gente ficou desapontada, incluindo o presidente da Câmara, o Monteiro, que, em protesto, acabou renunciando ao cargo.

– É – emendou Rui. – Muita gente esperava mais, numa forma muito mais ousada. Eu mesmo não estou nada satisfeito com isso.

– Como assim? – perguntou Caio.

Gruber cortou o colega, voltando com o seu relato.

– E agora! O ministro Saraiva quer tornar livres os escravos com mais de sessenta anos, depois de mais três anos de trabalho, e libertar imediatamente os que tiverem mais de 65.

– Até parece que os escravos conseguem chegar aos 65 anos! – disse Blumenau, encarando Rui. – Você sabe muito bem que isso é uma raridade. Sabe que precisamos ter coragem e criar uma lei que liberte todos os escravos de uma vez.

– E eu não sei!? – repeliu Rui, ajeitando os óculos. – Afinal, Saraiva está querendo aprovar um projeto muitíssimo menos abrangente do que o projeto original cunhado por mim.

– Está falando do projeto Dantas? – observou Koseritz.

– No ano passado, premido pela exigência de ações mais efetivas com relação à escravidão, o imperador nomeou chefe de Gabinete o liberal senador Dantas, encarregando-o de buscar uma solução para a questão. O senador é meu amigo e deixou-me encarregado de redigir o projeto. Começava por definir algumas diretrizes para a emancipação: pela idade do escravo; pela omissão da matrícula; e por transgressão do domicílio legal do escravo.

Ao fixar sessenta anos como idade limite para o escravo, não prevendo qualquer tipo de indenização aos proprietários, desencadeou uma onda de protestos antes mesmo de o projeto ser apresentado à Câmara.

– Novamente, a idade absurda de sessenta anos. – protestou Blumenau.

– Mas este projeto tinha uma grande diferença. Uma das maiores novidades consistia na previsão de assistência ao liberto, mediante a instalação de colônias agrícolas para os que não obtivessem empregos. Determinava, ainda, regras para uma gradual transferência de terra arrendada do Estado para o ex-escravo que a cultivasse, tornando-o proprietário.

– Mesmo com essas melhorias, porém – interrompeu Koseritz –, o projeto Dantas causou muita polêmica. Dividiu os liberais e provocou a ira dos conservadores e escravistas. Submetido a uma moção de desconfiança, mas com apoio do imperador, o Gabinete Dantas dissolveu a Assembleia e convocou novas eleições.

– Foi lamentável! – Rui acenava com a cabeça. – Foram as discussões mais violentas do Império, vencidas por deputados apoiados pelos grandes escravocratas. Não conseguimos apoio e o Gabinete Dantas caiu. O imperador, agora, nomeou o Saraiva para dar prosseguimento à questão, todavia, como vê, esse novo projeto vai deixar muito a desejar.

– Dantas ou Saraiva – irritou-se Blumenau –, seja quem for, estamos muito longe de tomarmos medidas satisfatórias contra a escravidão.

– Pelo jeito você não faz ideia de como é difícil fazer mudanças neste país. Muitas delas são engavetadas, sabia? Por que você não tenta fazer algo ao invés de reclamar?

– Senhores! – ralhou Gruber com os dois enfezados. – A Câmara já está uma verdadeira panela em ebulição, e nós não precisamos de mais dois esquentados – com os dois apenas trocando chispas com os olhos, Gruber prosseguiu. – A revolta lá dentro é grande e muitos já estão até apoiando a república abertamente.

– Será que tudo isso vale a pena? – murmurou Caio, balançando a cabeça. – Parece que nada muda.

– Será que vamos conseguir alguma coisa? – preocupou-se Carolina. – Pai, você ainda quer entrar? Do jeito que estão as coisas, não sei se o pessoal vai dar apoio a nossa causa.

– Maior do que a tristeza de não haver vencido é a vergonha de não ter lutado! – replicou Rui que, mais animado, segurou forte o ombro de Koseritz. – Vá, meu companheiro, vá e lute!

O Senado permanecia em sessão. Caio e Carolina, parados perto da porta, puderam dar uma boa olhada no local. A sala de sessões não era muito espaçosa. Os assentos eram arranjados em forma da letra U e destinavam-se aos deputados e senadores. Na frente de uma mesa, de cada lado, estavam dispostas duas tribunas. Em volta de tudo isso, havia uma galeria destinada ao público. O presidente do Senado discursava ferozmente para rebater o barulho provocado pelos deputados. Muitos estavam em pé agitando violentamente os braços e alguns, incrivelmente, mesmo no meio de toda aquela confusão, discretamente, tiravam um cochilo. A algazarra da discussão piorava a cada instante. O teto abobadado contribuía para tornar a acústica mais forte. Koseritz posicionou-se na mesa da tribuna, juntamente com os amigos Blumenau e Gruber, e preparou-se para discursar:

"Excelência!

A crise de trabalho que ameaça o país e a indisfarçável verdade de que a grande agricultura deve ser transformada no sistema de pequena propriedade, que criará chances de trabalho para todos, graças à generalidade da produção, e um bem-estar tranquilo, no nosso solo fértil, são as razões pelas quais todos os olhos se dirigem angustiosamente para o exemplo da imigração que proporcionou à grande União Norte-Americana o colossal progresso que faz a admiração do mundo".

Com dificuldade, o presidente exigiu silêncio. Depois de minutos de espera, o líder da Câmara pediu que Koseritz desse prosseguimento ao seu discurso. Muito entusiasmado, Koseritz foi trazendo à discussão a situação dos imigrantes e também a sua preocupação com a vinda dos chineses em situação de quase escravidão. Durante o longo discurso coberto por aplausos, os deputados representantes dos barões de café, tremendamente contrariados, encheram o lugar com um bate-boca sem fim.

Enquanto continuavam a fervilhar as discussões, Caio e Carolina foram obrigados a retirar-se por serem menores. Por mais que os dois pedissem para ficar, os guardas mantiveram-se irredutíveis. Sem alternativa, ficaram fora da sala, mas, aproveitando que o guarda saíra, ficaram encostados na porta.

O barulho da gritaria impedia-os de escutarem Koseritz. Duas horas passaram-se e, por fim, as portas abriram-se. Os homens foram saindo tal como uma enchente quase os derrubando. No meio da confusão, estava o jornalista com seus amigos recebendo cumprimentos de vários entusiastas. Carolina e Caio foram empurrando um a um naquela massa humana até conseguirem chegar perto do alemão.

– E, então, pai, você conseguiu?

– Ainda é cedo, minha filha. Vamos ter que esperar.

– Esperar o quê? – disse Caio, muito agitado. – Não me diga que ainda vai ter mais discurso.

– Não, meu filho, não é isso. O debate foi caloroso e muitos nos deram apoio para fundarmos uma sociedade e assim poderemos incentivar a imigração de homens livres, mas...

– Mas o quê? – interromperam Caio e Carolina.

– Mas, agora – disse o alemão, respirando fundo –, precisamos esperar a decisão do imperador. Está tudo nas mãos de D. Pedro.

12. Desfazendo o Engano

Diante da janela, naquela manhã, apreciando o Pão de Açúcar, Caio encontrava-se muito desanimado. O hotel estava em silêncio e poucos hóspedes passavam por ali, naquela hora. Carolina ainda estava no seu quarto e Koseritz, que nem conseguira dormir, preocupado com a decisão do imperador, estava, agora, na recepção, atendendo um telefonema. Aquela espera pelos acontecimentos deixava Caio mais agoniado.

– Não! Não pode ser! – reclamava o alemão ao desligar o telefone.

– O que houve? – interrompeu Carolina que descia as escadas.

– Acabei de ser informado que o imperador apoiou a formação de nossa fundação em favor de imigrantes livres, que virão de qualquer parte do mundo, mas agora com o devido apoio do governo para se estabelecerem. – Koseritz andava de um lado para o outro no corredor, enquanto Caio se aproximava.

– E qual é o problema, pai, não era isso o que o senhor queria?

– Sim, mas...

– Isso é maravilhoso.

– Não, sim... Não, não é!

– O quê? – respondeu a filha, confusa.

– Você não está entendendo, querida. Ontem, de noitinha, recebi um telefonema de um colega da Câmara. Ele informou que o imperador tinha se recusado a ajudar nossa causa.

– Como recusado? O senhor não acabou de dizer que o imperador apoiou?

– Esse é que é o problema, minha filha. Eu fiquei tão aborrecido com a notícia ruim que nem verifiquei em outras fontes se essa informação era verídica... Como pude ser tão impulsivo. Como pude fazer isso?!

– Isso o que, papai?

– Estava tão aborrecido, tão preocupado, que acabei indo ao telégrafo hoje.

– Mas tão cedo! O telégrafo ainda nem está aberto.

– Eu sei. Eu sei. Por isso, eu deixei lá com um rapaz e pedi que entregasse ao telegrafista assim que ele chegasse.

– Deixou lá o quê? – disse Carolina, apertando uma mão contra a outra. – O que o senhor escreveu no telegrama?

– Eu escrevi um manifesto, no qual conclamava a todos os jornais do Sul que se organizassem e formassem um protesto à decisão do imperador.

– Mas isso é terrível!

– Agora, você entendeu – suspirou o alemão.

– Esse manifesto pode acabar com a sua carreira e com os seus jornais, pai. Como pôde fazer isso?

– Ah, por quê? Você sabe muito bem que um bom jornalista tem que ser rápido, senão a notícia já não é mais notícia. E ainda por cima, como deputado, tenho que agilizar a oposição antes que seja tarde demais.

– Temos de ir lá, agora! – concluiu Carolina, pegando suas luvas, procurando sua sombrinha, seu chapéu... – Ainda há tempo de impedir que esse telegrama seja enviado.

– Não posso ir – disse o pai desanimado.

– Como não pode? – estranhou a filha. – Não me diga que tem mais algum problema.

– Ontem, à noite, o deputado Dantas avisou-me que conseguiu uma nova audiência no palácio de verão.

– O que fica em Petrópolis?

– Esse mesmo. A família Real está lá há alguns dias. Ai, o que vou fazer? Eu preciso falar com o imperador e agradecer por sua decisão. Preciso falar sobre a situação no Sul, os novos imigrantes, que certamente virão e precisarão de passagens, terras, apoio financeiro... Mas também preciso ir até o telégrafo. Tenho tanta coisa para resolver e em tão pouco tempo. Para estarmos lá na hora da audiência, precisaremos pegar o vapor e, depois, o trem... – o alemão apalpou o bolso do paletó até achar o seu relógio com uma corrente dourada presa na calça. – Estamos realmente em uma maré de azar. O vapor vai sair daqui a cinquenta minutos. Não posso perder essa chance. O nosso dinheiro está no fim. Fiquei mais tempo do que o esperado e a vida na corte é cara demais.

– O que vai fazer, pai? – pressionou Carolina, vendo seu pai pegando o chapéu, dirigindo-se apressado para a porta da rua.

– Vou ao telégrafo. Tenho que evitar que esse artigo seja enviado para o Sul. Enquanto isso, quero que vocês se aprontem e vão até a Prainha e me esperem na frente do vapor.

– Não vai dar tempo, pai – Carolina encostou-se na porta.

– Tenho de tentar. Preciso resolver tudo isso de qualquer maneira.

– Não, não vá – interrompeu Caio, evitando a saída do alemão. – Deixe-me ir ao telégrafo e o senhor e Carolina podem ir até Petrópolis.

– Mas como vou saber se você conseguiu? – retrucou o alemão nervoso. – Não posso ir a Petrópolis sem ter certeza que o artigo não foi enviado. Esse caso é grave demais.

– Eu vou – insistiu Caio. – Vou até lá e, depois, vou o mais rápido possível até o vapor. – Caio olhou fixamente para o rosto indeciso de Koseritz. – Pode confiar em mim. Eu não vou falhar.

– Deixe-o tentar – pediu Carolina, apoiando as mãos nos ombros de Caio. – Ele tem mais chances, e o senhor não pode perder o navio.

– Está bem – Koseritz tirou alguns trocados do bolso e um papel. – Tome aqui o dinheiro para pegar o bonde e aqui está o endereço do telégrafo. Procure por Tomás. Foi a ele que entreguei o meu artigo.

– Pode deixar – Caio, afoito, pegou seu boné e antes de sair voltou-se para o alemão. – Não vou falhar de jeito nenhum nesta missão.

Caio correu o máximo que pôde e chegou a pegar o bonde andando. A ansiedade deixava-o mais tenso e aquelas mulas pareciam levar séculos para andar uma quadra. Durante o trajeto, o bonde passou por um rapaz que estava conversando com outro garoto, exibindo, orgulhoso, sua bicicleta recém-lançada, com uma revolucionária tecnologia, feita com duas rodas de tamanhos iguais e dirigida por um mecanismo de correntes.

Sem pensar duas vezes, Caio saltou daquele transporte lento e correu para perto dos garotos. Pegou a bicicleta e foi-se embora gritando para o dono que a devolveria mais tarde. Meio desajeitado, aflito, tentava fazer aquele avançado modelo da época disparar pelas ruas estreitas. Como era difícil guiá-la nas ladeiras! As rodas custavam a obedecê-lo e o freio era duro demais. Para piorar, teve de contentar-se com a falta de marchas e com os pneus estreitos sem câmara, que o faziam a cada buraco pular no ar como se estivesse a domar um cavalo selvagem.

Aos poucos, sua teimosia foi vencendo aquele xucro de assento duro de madeira e finalmente conseguiu chegar ao telégrafo. A sorte estava ao seu lado e o ajudou a encontrar o menino Tomás, que estava encarregado de enviar o telegrama, ainda sentado numa das cadeiras dentro do correio, tirando um cochilo. Ainda zonzo por ser acordado à força por um Caio desesperado, o garoto devolveu o artigo e as moedas que o jornalista havia lhe dado para enviar o telegrama.

Feliz, com o artigo na mão, Caio já se preparava para ir ao encontro de Koseritz e Carolina, mas a indomável bicicleta, mal saindo do lugar, deixou-o na mão, ou melhor, com um guidão arrebentado em suas mãos. Aborrecido, olhou em volta como se esperasse que um milagre o ajudasse. Naquele momento, surgiu um homem de terno que carregava um embrulho e dirigia-se à porta do correio. O homem apressado acabou deixando um pacote cair ao esbarrar no garoto atrapalhado com a bicicleta. Do seu conteúdo, o brilho de um par de objetos metálicos novinhos chamou a atenção de Caio.

– Não acredito! Como pode ser? – surpreendeu-se Caio, agachado no chão, admirando uma das peças caída no chão. – Como isto veio parar aqui?

– Engraçado, eu também fazia a mesma pergunta – disse o homem com uma voz áspera. – Onde eu estava com a cabeça quando encomendei essa geringonça. Quase quebrei o pescoço usando isso – o aborrecido pegou a caixa no chão. – É isso que dá querer ser sempre o primeiro a comprar as novidades vindas dos Estados Unidos, sem ter a mínima ideia de como usar. E, agora, só me resta ver se consigo devolver. Tomara que eu consiga o meu dinheiro de volta.

– Vai devolver? – Caio ainda segurava o objeto.

– Mas é claro! O que mais eu posso fazer?

– Ah, sei lá. Isso vai demorar um tempão e acho que não vão aceitar de volta com esses arranhões... – Caio ficou a examinar a peça até que seus olhos revelaram uma ideia. – Mas... Se o senhor não quiser perder tempo... O que acha de vender? – apressou-se Caio, tirando do bolso o dinheiro embrulhado no artigo do jornalista. – Feito?

O dia no jardim do Campo de Sant'Ana prometia ser apenas mais um dia de sol forte e tranquilo para seus frequentadores. Lá estavam mulheres com seus companheiros passeando pelos largos e numerosos caminhos de terra batida, enquanto crianças corriam por entre as árvores.

Alguns garotinhos aproveitavam o dia quente no recém-inaugurado parque para se refrescarem na cachoeira que enchia um tanque de pedra, no qual nadavam peixes dourados que viviam com os tranquilos marrecos e cisnes. Muito animados, foram saindo do banho e puseram-se a correr de pés molhados por uma estreita passagem até uma grande caverna, que tomava todo o interior do rochedo. Caminharam pelo novo mundo sombrio forrado de grandes e assustadoras teias que estavam penduradas num teto ameaçador totalmente cravejado de estalactites de onde se destacava o brilho dos cristais acumulados nas pontas. Tudo aquilo era tremendamente atraente para aquele grupo à procura de desafios. A entrada apertada os forçava a caminhar juntos e em passos lentos. Os braços pequenos e magros tentavam em vão escapar dos arranhões das agressivas paredes ásperas. Mas um eco... Um eco insistente de gritos vindo de fora da caverna os obrigou a se esquivarem da grande aventura.

Lá, fora da caverna, outros garotos agitados alertavam sobre algo inesperado ocorrendo nos arredores. Curiosos, reuniram-se e pegaram uma trilha que os conduziu a uma saída do parque. Correndo o mais rápido possível, pegando atalhos, conseguiram alcançar a grande atração do dia. Como os olhos daquela garotada vibraram quando encararam algo que nem em sonhos tinham imaginado que fosse possível. Na frente dos garotos, outro garoto, um pouco mais velho do que eles, um estranho que, para os adultos que passavam por ali, parecia um louco, fazia manobras das mais radicais com a ajuda de um calçado metálico com cinco rodinhas em linha fixa aderido ao estranho sapato de couro com cadarços. Aquela peça metálica, que parecia ter saído de uma revista de ficção científica ou de um livro de Julio Verne, deslizava pelos corrimãos das escadas, pelas rampas de madeira das edificações em obra, saltava de uma calçada a outra evitando assim os paralelepípedos e as ruas estreitas esburacadas... Um grupo de mulheres assustadas retirava rapidamente as crianças pequenas do caminho para que o estranho garoto pudesse passar sem atropelá-las. A confusão era grande e Caio ainda estava se acostumando com os patins feitos de madeira e alumínio. As rodinhas alinhadas obedeciam bem nas curvas graças aos rolimãs de aço, mas os freios... Como se trava isso?

– Sai da frente! – gritou Caio para dois homens à sua frente, que atravessavam a rua carregando um enorme vidro retirado há poucos instantes de uma vitrina.

Um dos homens, assustado, puxava para um lado da rua, enquanto o outro, confuso, teimava em puxar para o lado oposto. Por mais que os olhos da multidão ali reunida implorassem por algo que impedisse a catástrofe, o pressentimento do inevitável prevalecia. Caio, cheio de adrenalina, nem piscou. No último segundo, tomou fôlego e decidiu o momento: pegou mais velocidade! E no impulso, usando uma rampa de madeira de uma obra, improvisou o salto impossível. Sua proeza foi seguida por todos aqueles rostos incrédulos. Caio foi subindo, mas não o suficiente para evitar que as rodas de metal passassem bem rentes... Acabaram por arrancar uma lasquinha do frágil obstáculo transparente.

Deixando para trás aquela multidão boquiaberta. Caio prosseguiu pelas ruas. Seu coração só voltou a disparar ao ouvir as badaladas dos sinos de uma igreja anunciando que seu tempo estava no fim. Correu, saltou e continuou a desviar e finalmente conseguiu atingir sua meta... Lá estava a Prainha. Lá estavam Koseritz e Carolina já embarcando no vapor... E bem à sua frente havia uma cancela fechada diante da escada que dava acesso ao cais, o que o impedia de alcançá-los.

Caio gritou tentando chamar a atenção do jornalista, agitando em uma das mãos o artigo causador de tantos problemas, mas o alemão, aparentando estar abatido, não olhava em sua direção. Carolina também não reparou nos gestos desesperados. Parecia estar muito ocupada consolando o pai preocupado. Aflito, olhou ao seu redor procurando um jeito de alcançar os dois distraídos. Os pensamentos entraram em ebulição na cabeça daquele rapaz decidido a pegar aquele navio que já estava se preparando para zarpar. Não havia mais tempo para ter medo. Tinha que tentar algo drástico.

No pequeno cais, o movimento de embarque e desembarque era intenso e o número de barcos trafegando por ali era grande. Alguns pescadores trabalhavam abaixo de Caio fazendo um enorme esforço para conseguirem erguer a pesada rede carregada de peixes. Outros trabalhadores tratavam de empilhar ripas de madeira no meio do cais.

Caio chegou a reparar melhor na escada, na rede e, depois, olhou com mais cuidado para aquelas ripas que tinham sido tão mal colocadas, chegando a ponto de a última ripa ficar oscilando de um lado para o outro.

– Ei, garoto, o que está fazendo aí? – reclamou um homem de uniforme de capitão para Caio que se equilibrava na ponta do corrimão da escada de acesso. – Desça já daí! Você é maluco?

Caio deu partida a sua loucura. Sem mais dar ouvido aos avisos de alerta, quando menos se esperava, deu o maior impulso com seus patins e foi escorregando pelo corrimão. As pessoas olhavam apavoradas. Koseritz e Carolina, reparando na agitação, tentaram desvendar o que estava ocorrendo. Mal acreditaram ao ver de quem se tratava. Caio vinha descendo com grande velocidade. No final da descida, deu um salto e agarrou-se nas amarras que seguravam a rede. Dando um forte impulso na corda, Caio a fez balançar o suficiente para conseguir pousar na ponta de uma das ripas. O pessoal já tomava fôlego pensando que tudo tivesse terminado, mas bastou que alguém gritasse e todos ficaram a olhar para o alto. Caio tinha largado a corda de tal modo que as amarras tinham se desprendido e a rede pendurada estava caindo em queda livre.

– Nããããooo! – apavorou-se Carolina. – Caio, não!

Foi o último alerta que se ouviu antes do forte impacto da rede sobre a outra ponta da gangorra improvisada. Da outra ponta, Caio esperava agachado por sua última proeza. Assim como havia planejado, foi lançado para o alto. Todos seguiam aquele salto sem piscar nem respirar. Em seguida, Caio foi descendo, descendo até atingir o seu alvo. O louco havia conseguido aterrissar no convés de madeira do navio.

– Mas que loucura foi essa, Caio – zangou-se Carolina. – Você quer se matar?

– Calma, minha filha – pediu o alemão, enquanto ajudava Caio a se levantar. – Você se machucou? Você está bem, Caio?

– Claro! – respondeu o rapaz, pegando seu boné caído no chão.

– Você arriscou-se muito, rapaz. Tem certeza de que está bem?

– Estou ótimo – disse Caio, que, ainda agitado, ficou a revirar os bolsos. Dando uma continência, esticou a mão exibindo algumas folhas amassadas. – Missão impossível completada, senhor!

– Que maravilha! – reagiu o alemão ao reconhecer o artigo nas mãos do garoto sorridente e ainda recuperando o fôlego. – Você conseguiu! Você conseguiu, Caio! Você realmente sabe como enfrentar um desafio, rapaz!

13. De Trem a Petrópolis, Cidade Imperial

Seguido de seus fiéis discípulos, o jornalista pegou o vapor na baía, passou por diversas ilhas como Paquetá e ilha do Governador e desembarcou no porto de Mauá, de onde pegou o trem que, pelos trilhos da primeira estrada de ferro construída no Brasil, a estrada Visconde de Mauá, assim, os três foram conduzidos à Raiz da Serra, embaixo da Serra dos Órgãos. De lá, os viajantes acomodaram-se em outro trem, cujos vagões eram grandes e largos.

Carolina, que já estava sentindo o efeito do calor e de tantas horas de vai e vem, abandonou, num canto, sua pequena sombrinha e seu livreto e usou sua bolsinha de pano para apoiar a cabeça no encosto da poltrona. Depois de apreciar a paisagem, dormiu tranquilamente como se estivesse numa cadeira de balanço.

Em grande velocidade, pelo menos para o velho jornalista, o trem foi atravessando a parte baixa, pantanosa e insalubre e, mais adiante, pôs-se a subir aqueles 800 metros de montanha.

A máquina barulhenta do trem, que ficava na parte de trás, lançou-se ao desafio soprando uma vasta fumaça. Com a ajuda de suas rodas dentadas e cremalheiras, concentrou sua força colossal em empurrar os grandes e elegantes vagões carregados com muitos passageiros. Subia mais um pouco aquela negra parede rochosa sem deixar de gemer por um instante, enfrentando florestas escuras e os profundos e ameaçadores precipícios que a cercava.

As dúvidas se estariam com os ossos inteiros, que assombravam o jornalista durante toda a jornada, só se dissiparam quando finalmente ele topou com uma pequena cidade escondida nas nuvens, a cidade de Petrópolis.

Lá de cima, Caio empenhava-se em furar aquela maciça névoa que o mantinha cego. Quando finalmente conseguiu, ficou espantado e encantado ao encarar a vista selvagem que emoldurava o Rio de Janeiro, apenas conhecida, por ele, através de fotos ou de pinturas antigas. A única coisa que o fez tirar os olhos daquele quadro vivo foi a súbita aparição de um grupo de homens montados em mulas.

Desconfiado da gigantesca monstruosidade metálica, o grupo teimava em subir a serra usando a larga estrada "União e Indústria". Koseritz, que também estava observando o pessoal, ficou a lamentar o quanto tinha sido gasto em milhares de contos de réis para construir aquela estrada, pela qual transitavam as diligências e que agora desaparecia ao lado do caminho de ferro.

O apito da locomotiva avisou que estavam no plano. O trem não gemia mais como antes. Mais adiante desatrelaram a máquina que o empurrara até aquele topo cumprindo sua missão quase impossível. Com a ajuda de várias mulas, foi engatada outra máquina na frente que completou o resto do desafio a toda velocidade em direção à última estação.

– Chegamos! – exclamou Koseritz ao chegar à estação. – Vamos, pessoal! Vamos logo tratar de alugar uma carruagem e ir para o hotel.

– Para o hotel? – estranhou Caio.

– Claro, meu jovem – disse o alemão já fazendo sinal para um cocheiro parar. – Está ficando tarde. Essa viagem foi muito demorada. Temos de descansar e preparar nossas roupas. Imagine se vão nos deixar, eu e você, entrar usando casacas amarrotadas. Carolina também precisa estar com o vestido de gala impecável.

– E temos de comer alguma coisa – completou Carolina, apertando o laço de fita do chapéu embaixo do seu queixo. – O restaurante do trem parecia tão bom, mas, mesmo assim, não consegui comer nada durante a viagem.

– Eu também não consegui – disse Caio. – Pra mim, viagens e comida nunca dão certo... Mas agora minha barriga está roncando demais.

– Então, vamos logo! – insistiu Koseritz, que empurrou os dois jovens para a carruagem e, depois, respirava fundo o ar fresco e ficava a admirar a paisagem. – Petrópolis é uma deliciosa cidadezinha, um pedaço da grande vida europeia transplantado para o Brasil, uma visão quase fabulosa nas atuais circunstâncias. Aqueles pobres colonos que para cá foram enviados, em 1828, a fim de derrubarem as florestas e arrancarem do chão pedregoso a parcos ganhos, mercê de esforçados trabalhos, nunca poderiam sonhar que, neste local, havia de florescer, um dia, uma cidade senhorial. Vamos, se tivermos um pouco de sorte, amanhã, bem cedo, conseguiremos a tão sonhada audiência e, finalmente, poderei fazer a minha entrevista com o imperador.

A cidade possuía várias casas em estilo suíço, muitos parques floridos e ruas largas percorridas por canais atravessados por numerosas pontes para pedestres. Aquele lugar dava a forte impressão de ser melhor tratado que a capital, a qual ainda se recuperava das fortes chuvas dos últimos dias. Naquela hora, no meio do passeio público, concentrava-se uma plateia elegante que apreciava a apresentação de uma banda. Na maioria, crianças loiras, filhos dos colonos alemães que haviam se fixado naquelas terras de baixa temperatura da serra.

Chegando ao hotel, os três foram recebidos por empregados com gravatas e luvas brancas. Tudo ao redor cheirava à realeza. Após, acomodaram-se nos espaçosos quartos e prepararam-se para o jantar. Mal Caio se sentou diante da longa mesa, Koseritz desconfiou que algo ali estava errado. Apesar de a sala de jantar estar repleta de hóspedes, o silêncio imperava naquele lugar.

– O que é isso? – reclamou Caio, largando o garfo. – Essa comida é horrível.

– É! – disse o alemão, limpando a boca com o guardanapo. – O vinho também não fica atrás.

– Agora, eu entendi esse silêncio – comentou Carolina, olhando ao redor. – Esse pessoal. Esse pobre pessoal já deve viver aqui há muito tempo.

– E daí, minha filha?

– Ora, pai, com essa comida, esse pessoal não deve mais abrir a boca de jeito nenhum.

14. O Desafio das Moedas

O dia seguinte, ensolarado, e o péssimo café da manhã, composto por ovos quentes com cabecinhas em adiantado estado de evolução, foram mais do que um convite para que os três abandonassem o hotel o mais rápido possível. Não demorou muito para que a carruagem, puxada por dois cavalos trotando sobre as ruas feitas de paralelepípedos, adentrasse pelos jardins do palácio imperial. Na frente do portão, os três visitantes acabaram encontrando-se com a princesa Isabel descendo com a ajuda de um criado da carruagem imperial, atrelada a seis cavalos. Koseritz saudou-a e logo ajudou sua filha, que mantinha uma das mãos pressionando seu valioso livreto contra seu peito, a descer do carro.

– Como está, Alteza? – saudou o alemão, beijando a mão da nobre.

– Seja bem-vindo! – retribuiu a princesa.

– Obrigado! Alteza, gostaria de apresentar minha filha e meu assistente.

– É um prazer conhecê-la, Alteza! – Carolina, beijando a mão da princesa, inclinou de leve a cabeça. Caio, muito sem jeito, deu uma rápida continência.

– Como está indo, Alteza? – indagou o jornalista. – Finalmente, conseguiram concluir a reforma?

– Infelizmente, não. Ainda há muito a fazer no nosso palácio. Acho que precisaremos continuar morando aqui, com meus pais, por um bom tempo.

– E quanto ao outro palácio? Aquele feito para sua exposição anual de flores e acho que também para a feira de agricultura...

– O de Cristal? Ah, esse está nos retoques finais para o próximo baile. Creio que, no final do ano, teremos a melhor exposição de produtos agrícolas já montada.

Enquanto Koseritz trocava ideias com a princesa, Caio chamou a atenção de Carolina para olhar mais adiante. Lá estava um homem vestindo uma elegante casaca carregada com pomposas condecorações. Mas o que mais chamava a atenção sobre aquele nobre era sua calça que contrastava com o resto, pois ela estava arregaçada até o tornozelo. O homem corria pelo jardim do palácio, desesperado. Dois meninos, também trajando casacas, fugiam entre os dedos do nobre desajeitado. Os dois riam sem parar e sem dar uma trégua ao homem já exausto.

– Não acredito! – Carolina custou a segurar o espanto ao reconhecer o homem. – Aquele é o conde d'Eu?

Ao ouvir aquele nome, a princesa olhou para o marido e seus dois filhos.

– Ai, meu Deus, de novo, não! – a nobre, aborrecida, virou-se para o alemão. – Desculpe, Koseritz, mas necessito deixá-lo. Essas crianças estão aprontando outra vez! – ela se despediu com uma leve inclinação da cabeça e pôs-se a correr para perto do marido. – Mas não se esqueça, meu bom amigo – gritava durante a desajeitada corrida –, estou contando com sua presença e de seus acompanhantes para o baile no Cristal. Se é que o palácio vai resistir aos meus filhos até lá.

– Farei o impossível, Alteza! – gritou Koseritz, sorrindo.

Após se despedirem do casal real, os três visitantes foram recebidos por dois criados e conduzidos para um dos salões do primeiro andar.

O salão, repleto de cavalheiros e damas, esperando pela aparição da família real, lembrava um conto de fadas, mas algo estranho pairava naquele lugar... Todos os convidados pareciam preocupados e encontravam-se imóveis nos cantos da sala. Koseritz já estava prestes a entrar no salão quando um cachorrinho de uma das damas pulou do colo de sua dona e começou a correr. As pessoas, embora aflitas, não se mexiam do lugar. Desconfiado, o jornalista segurou o seu assistente e sua filha pelo braço, dessa maneira, impedindo que pisassem no assoalho. Suas suspeitas foram confirmadas. A armadilha que farejara estava a um passo.

Criados foram obrigados, pelas circunstâncias, a iniciar uma perseguição ao filhote fugitivo. Os pobres coitados davam um fracassado *show* de equilíbrio ao tentarem manter-se de pé num assoalho exageradamente encerado. Os pajens tentavam segurar-se uns nos outros ou nos poucos móveis existentes, enquanto o animalzinho disparava entre as pernas dos infelizes. Todos se esforçavam ao máximo para não rir, pois sabiam que qualquer movimento em falso poderia torná-los as próximas vítimas. Sem esperanças, os criados, já desesperados, começavam a engatinhar pela pista. Por fim, depois de muito esforço, apanharam o cão encrenqueiro e abandonaram o local.

Duas horas passaram-se até que o porta-voz anunciou a Família Real. As pessoas, embora cansadas, ficaram à espreita. Todos aqueles nobres que estavam ali imóveis ansiavam por assistir a entrada da família naquele salão escorregadio, o que prometia ser uma cena hilária.

A imperatriz Dona Teresa entrou acompanhada por D. Pedro II, o qual trajava uma casaca preta com a grande condecoração do Cruzeiro. Para o espanto de todos, nada ocorreu. O imperador, andando calmamente, foi ao centro do recinto e, com um sorriso irônico, declarou:

– Ainda não será hoje que vocês verão minha queda – sem revelar o truque, atravessou o salão em passos firmes e rápidos, e aproximou-se do jornalista alemão. – Soube que está a minha procura há um bom tempo. É bom vê-lo novamente, meu velho amigo! – Dom Pedro olhou para Carolina e prosseguiu. – Trouxe algo de sua autoria para minha apreciação?

– Na verdade, Vossa Majestade, eu trouxe sim. Trouxe um livreto de poesias para presenteá-lo... – Carolina, apesar de impressionada, entregou o pequeno volume. – Mas como Vossa...

– Agradeço muito pelo amável presente! – D. Pedro pegou o livrinho. – Vou lê-lo com total devoção.

– Como sempre, muito atencioso, Vossa Majestade! – elogiou o alemão. – Se o imperador me permite, gostaria de apresentar o meu assistente... – só neste momento foi que o jornalista percebeu que Caio desaparecera. – Onde está Caio? Ah, de novo! Qual será a encrenca que ele...

– Algum problema? – indagou o imperador num tom calmo.

– Para o bem de todos, Vossa Majestade, espero que não.

– Então, por favor, sigam-me. Vocês serão meus convidados especiais.

Embora aparentasse muita surpresa pela tamanha consideração do imperador, Koseritz, acompanhado por sua filha, seguiu a comitiva real que indicara uma passagem segura até a entrada de outro salão, e, assim, deixaram para trás todos os outros da corte ainda imobilizados.

O jornalista e a filha entraram no recinto onde já se encontravam alguns deputados, senadores, outras autoridades como o ministro Saraiva e, no meio deles, estava o africano Obá II. Mantendo um pequeno suspense, o imperador, já acomodado no seu trono, ordenou aos criados que abrissem uma porta lateral.

– Pode entrar, meu jovem – ordenou Sua Majestade.

Carolina e o jornalista ficaram impressionados. Caio, muito sorridente, entrou saudando e agitando os braços. O soberano fez sinal para ele se unir aos amigos. O alemão ficou intrigado e, quando tentou questionar Caio sobre aquela aparição, sua atenção foi atraída pela presença de um senhor calvo, muito branco e que usava um monóculo. O elegante foi até o regente e sussurrou-lhe algo. Na sala, manteve-se o silêncio até que o homem, que Koseritz e Caio reconheceram como sendo o Dr. Sobragí, finalizou a conversa e, com a licença de Pedro II, dirigiu-se aos presentes.

– Caros senhores, como diretor da Casa da Moeda, fui encarregado de presentear dez dos valorosos convidados desta audiência com o novo lote de moedas comemorativas desenhadas com a efígie de Sua Majestade. Essas moedas têm como finalidade prestar uma pequena homenagem aos grandes feitos realizados pelo nosso estimado imperador. Cada um dos senhores, escolhidos por D. Pedro, terá a honra de receber um saco de couro contendo uma pilha de dez moedas de ouro. No entanto fomos, há pouco, informados que, lamentavelmente, uma das pilhas de moedas é formada de moedas fraudadas – os cochichos e risos sarcásticos espalharam-se, mas, mesmo assim, o diretor prosseguiu. – Apesar de parecidas com as verdadeiras, descobrimos que, ao invés de cada moeda pesar 10 gramas, as falsificadas pesam apenas 9 gramas. Pedimos aos senhores, então, um pouco de paciência para esperar até o final da sessão solene para que possamos fazer uma verificação em cada moeda.

– Mas para que tanto trabalho? – reclamou Obá, cruzando os braços. – Por que pesar todas elas?

– E o que o senhor sugere? – indagou um ministro.

– Ora, se já sabem que é apenas uma das pilhas, pode-se distinguir qual das pilhas apresenta moedas com menor peso, e eu creio que possa ser feito em apenas três pesagens.

– Está enganado – discordou o ministro da economia, senhor Adalberto. – Podemos fazer em duas.

– Você acha, é? – desafiou o africano. – Então, mostre!

– Se os senhores tiverem paciência – tentou o diretor acalmar os ânimos –, tenho certeza que isso será resolvido logo.

– Meus companheiros! – convocou um senador numa voz melosa. – Eu mesmo me prontifico a auxiliar nessa pesagem.

– Essa, não! – reagiu um deputado. – Sozinho, de jeito nenhum! Vamos precisar então formar uma equipe econômica. Podemos colocar essa questão na pauta da próxima assembleia...

– Mas nós não estamos entrando em recesso? – lembrou outro colega deputado. – Isso vai levar um tempão, a não ser que façamos uma assembleia extraordinária.

– Contudo o nobre companheiro esquece que essas assembleias acarretam sempre um grande déficit nas contas públicas – preocupou-se um funcionário da Casa da Moeda. – Se fizerem uma reunião extra, precisaremos pagar um adicional aos participantes e isso pode sobrecarregar nosso combalido orçamento.

– Isso é inadmissível! – reclamou um homem no fundo do salão. – O povo sofrerá mais uma vez com outro corte.

– Que tal tirarmos um pouco da verba da área da saúde? – sugeriu o secretário das finanças.

– Acho melhor da educação – ponderou um senador.

– Parem com isso! – irritou-se outro senador. – Não vão mexer em nada.

– Nossa! Mas que confusão! – assustou-se Carolina.

– Que mania de complicar! – irritou-se Caio. – É! Tem coisas que nunca vão mudar, nem daqui a cem anos. – Carolina estranhou aquele comentário, enquanto o garoto, nervoso e não aguentando mais tanta falação, estourou. – Faz logo a pesagem e pronto!

O pessoal ficou chocado com aquela intromissão, menos o rei africano.

– Ele está certo! – apoiou o africano. – Todavia, para resolver isso, temos que pelo menos fazer duas pesagens.

– Eu creio que pode ser feito em uma – desafiou o senhor Adalberto, já com o dedo em cima de Obá.

O imperador ficou vivamente animado e voltou-se para o pessoal que ainda discutia.

– Que tal fazermos uma disputa? – todos se entreolharam. – Quero ver quem consegue, numa balança de precisão de um prato, obter a solução deste problema em uma única pesagem. O vencedor, além de receber um saco de moedas extra, terá o privilégio de passar a tarde inteira com direito a uma entrevista exclusiva.

– Qualquer um pode participar, Vossa Majestade? – perguntou Koseritz, animado.

– Sim, meu caro jornalista. Quer participar?

– Eu, não, mas o meu assistente quer.

– Eu!? Eu, não! – Caio, surpreso, tentou fugir, mas o alemão o segurou.

– Mas por que ele, pai? O senhor é tão bom em resolver problemas. Assim, o senhor vai deixar de ganhar um saco de moedas.

– Não importa, minha querida! – Koseritz olhou para Caio, sorrindo. – E, afinal, o nosso garoto aqui já provou, lá no cais, que é tão bom quanto qualquer um desta sala em pensar rápido, em agir em situações mais difíceis, não é verdade meu rapaz?

– Mas, eu...

– Vamos, Caio! – pressionou o alemão, apoiando a mão no ombro do garoto preocupado. – Vamos! Está na hora de encarar este novo desafio.

– Vai, Caio – pediu Carolina, segurando a mão do indeciso. – Meu pai tem toda razão. Você é melhor do que imagina.

– Mas eu... Eu posso perder, e Koseritz vai perder a chance de ganhar o prêmio... – numa ousadia inesperada, Carolina avançou sobre o rapaz e deu-lhe um beijo na boca. O tempo parou para Caio, que ficou boquiaberto com a jovem determinada.

– Vai, Caio, eu confio em você! – sussurrou a jovem em seu ouvido, com um jeitinho sensual...

Trouxeram a balança e formaram um círculo em volta dos participantes, num total de dez, incluindo Obá II e o senhor Adalberto, os quais ainda discutiam.

Caio ficou afastado esperando sua vez. Um dos senadores, o primeiro a tentar, ficou dando voltas na balança e por mais que tentasse passava longe de resolver. Aos poucos, cada um foi aproveitando a sua chance, porém ninguém estava conseguindo nem chegar perto da solução do problema. Enquanto a plateia se entretinha com as tentativas dos desafiantes, Caio tinha sua atenção voltada para um garçom bem no fundo do salão que segurava uma bandeja cheia de taças de cristal. O homem, sem perceber que estava sendo observado, disfarçadamente, tomou um pequeno gole de vinho de uma das taças. Como não notou nenhuma reação dos convidados, o ousado empregado foi bebericando um pouco mais da segunda taça. Bem mais descontraído, já estava se preparando para tomar outros goles, cada vez mais generosos, da terceira... Caio estava divertindo-se com aquela figura até que sentiu uma forte cutucada no seu braço.

– Caio! – disse Carolina em tom severo, dando outra cotovelada no rapaz. – Preste atenção! Daqui a pouco é a sua vez.

Mesmo chateado, Caio parou de olhar o garçom animado e fixou-se na figura de Obá II. O africano estava dividindo as pilhas de moedas em grupos e parecia muito concentrado, entretanto, depois de várias tentativas, não tendo êxito em apenas uma pesagem, o rei acabou abdicando da sua chance.

Finalmente, após mais dois concorrentes que nada conseguiram, chegou a vez do rapaz. Caio, um pouco nervoso por ser o centro das atenções, só se sentiu mais relaxado ao ver o alemão e Carolina que, entusiasmados, formavam uma pequena torcida. Ao posicionar-se perto da balança, notou que estava cercado por gente muito séria. Alguns usavam cavanhaques, outros, mais velhos, ostentavam monóculos que os tornavam mais arrogantes. As mulheres mais velhas, que se mantinham ocupadas em abanar seus leques, davam a impressão de que estavam entediadas com todo aquele jogo. As únicas pessoas simpáticas eram um grupo de garotas as quais pareciam estar bem curiosas com ele. Caio virou-se para o imperador, que ostentava um sorriso confiante emoldurado por aquela barba grisalha bem cuidada, e sentiu-se mais confiante... Por um tempo ficou pensativo. Ainda sem nenhuma ideia, ficou mexendo em cada uma daquelas moedas amontoadas. Foi tirando algumas do lugar... Formando uma nova pilha... O tempo esgotava-se e Caio não parava de olhar à sua volta como se estivesse em busca da solução. Até que, durante aquele tormento, voltou a reparar no garçom segurando a bandeja e que continuava a tomar goles e mais goles de cada taça. Provavelmente, aquela taça que empunhava, naquele instante, era sua décima taça. E que golaço ele entornava por sua garganta. O alegre garçom, sem mais cerimônia, tomou, numa virada, todo o vinho da última taça, deixando um pouco da bebida avermelhada escorrer pela boca. Desajeitado, limpou, de qualquer jeito, o rosto tingido com a manga de babados branca da elegante roupa. Meio bambo das pernas foi deixando o local. Caio segurou o riso ao ver a dificuldade do funcionário, bêbado, tentando, depois de bater várias vezes com a cara na parede, passar pela porta de serviço.

Caio ainda se divertia com aquela cena quando, ao voltar a fixar-se nas pilhas de moedas, sentiu que aquela história das bebidas lhe dera uma ideia. Rapidamente, colocou no prato da balança uma moeda da primeira pilha, duas da segunda, três da terceira, quatro da quarta pilha e assim por diante até que, na última pilha, a décima, pegou todas as dez amontoadas. Com cuidado, foi equilibrando as moedas retiradas de cada monte e, no final, muito agitado, verificou o valor da pesagem. Com um largo sorriso, olhou para o imperador.

– E então, meu jovem, tem algo a dizer? – indagou o soberano, calmamente.

– Deu 547, Imperador – respondeu Caio com naturalidade.

– E daí? – interrompeu Obá, impaciente. – O que significa isso?

Caio, devagar, aproximou-se de Dom Pedro e novamente sorriu.

– Imperador, eu sei qual é a pilha de moedas falsificadas. Basta ver a indicação da balança. Deu 547 gramas!

– Como? – desconfiou Obá. – E lá isso é resposta?

A resposta certa é a terceira pilha – disse Caio bem orgulhoso.

Todos se entreolharam incrédulos com a resposta, exceto o jornalista, que sorria com um grande orgulho para o jovem assistente.

– É verdade – disse Caio, chamando a atenção dos presentes. – E eu posso explicar.

– Então, explica logo! – zangou-se o rei africano.

Com um olhar carregado, Caio voltou-se para Obá.

– Notou que fui pegando uma moeda da primeira pilha, depois mais duas da segunda, três moedas da terceira, quatro da quarta pilha até que cheguei a pegar as dez moedas da décima e última pilha?

– Sim – respondeu Obá. – E daí?

– Daí que com essa nova pilha que coloquei na balança, ela tem um total de 55 moedas.

– Sim – concordou o homem nervoso. – E o que tem isso?

– Concorda que se todas as moedas tivessem 10 gramas, se todas fossem verdadeiras, daria um total de 550 gramas? – Obá, ainda desconfiado, ficou em silêncio. Caio prosseguiu. – Mas nós sabemos que uma pilha possui moedas de 9 gramas, não é?

– E, então?

– Então, se a pesagem indicasse 549 gramas significaria que a primeira pilha apresenta as moedas fraudadas, pois só peguei uma moeda desta pilha. Se a pesagem desse 548 gramas, isso significaria que são dois gramas de diferença, ou seja, são as duas moedas da segunda pilha. Se a balança indicasse 540 gramas, 10 gramas de diferença, isso significaria que são as dez moedas que formam a décima pilha. – o jovem desafiado deu uma pausa. As pessoas mantinham-se mudas, inclusive Carolina, que apertava as mãos tensas uma contra a outra. Com ar de vitorioso, Caio olhou para Obá. – Mas como a balança está indicando 547...

– É isso mesmo, rapaz! – disse o jornalista, aplaudindo eufórico. – São 3 gramas de diferença. São daquelas três moedas da terceira pilha que você pegou. Você resolveu! Você resolveu, meu filho!

– Admirável! – o imperador levantou-se e todos o reverenciaram. – Muito bem! Você ajudou mais uma vez, caro jovem. – o imperador começou a aplaudir.

– Muito bem! – apoiou o senhor Adalberto.

Aos poucos, as pessoas foram imitando o gesto do imperador, estendendo os aplausos.

– Apoiado, companheiro! – gritou um deputado enquanto dava um tapa nas costas de Carolina. – Esse jovem é dos meus.

– Bravo, bravo! – aplaudia a filha do jornalista com os olhos comovidos.

– Está certo! – reconheceu o africano que, apesar de ainda sentir o gosto da derrota, esticou a mão e deu um forte aperto de mão no vencedor. – Tem razão. Você conseguiu me vencer nesse combate.

– Rapaz! – chamou Dom Pedro, fazendo sinal para que Caio se aproximasse. Caio, muito animado, afastou-se de Obá e posicionou-se diante do imperador. – Receba este merecido prêmio – proclamou Dom Pedro, entregando uma bolsa de pano a Caio. – Aqui está a sua recompensa em ouro e, agora, conforme havia prometido, tem o direito a uma entrevista exclusiva comigo.

– Imperador, eu não sou muito bom em entrevistas. Será que poderia dar essa chance para o Koseritz?

– Por mim, está bem – respondeu o soberano, apoiando a mão nas costas do rapaz. – Vamos, então?

O imperador deu um discreto sorriso e, olhando para o jornalista, alegre, indicou um corredor. Caio e Carolina seguiram o imperador e o jornalista de mãos dadas.

15. Conversando com D. Pedro

A comitiva seguiu Dom Pedro até uma ala mais afastada, enquanto o porta-voz dispersava o restante. A sala a que se dirigiram tinha poucos móveis, mas possuía uma longa mesa cheia de papéis, a qual o jornalista presumiu que era utilizada para os despachos. Sua Majestade, após a entrada dos três convidados, dispensou a comitiva e fechou a porta. Carolina, logo, reparou em um pesado objeto de madeira encostado na parede ao lado da mesa.

– Cruz-credo! – pasmou a jovem, indo na direção de um ataúde de madeira com a imagem pintada em cores vivas de uma mulher com trajes e feições típicas do antigo Egito. – Que sarcófago é este?

– Ah, essa! – disse o imperador – Essa é a moradia da minha conselheira, Sha-amun-em-su.

– Conselheira? – estranhou Carolina. – Mas a quem se refere, Vossa Majestade?

– Bem, é assim que a chamo, pois ela não é de dar palpites como meus ministros e sempre me deixa refletir sobre as decisões que tenho de tomar pelo tempo que for necessário – o imperador aproximou-se e retirou o tampo revelando uma múmia enfaixada. O rosto da companheira bizarra do imperador encontrava-se coberto por uma delicada máscara fúnebre delineada por suaves traços femininos de olhar enigmático. – Na verdade, essa minha amiga é uma sacerdotisa. Ela não é maravilhosa? Eu a estimo desde nosso primeiro encontro.

– Que espantoso! – admirou-se a jovem que se aproximou da múmia. – Como ela veio parar aqui no seu gabinete, Vossa Majestade?

– Isso foi um presente do governo egípcio durante minha estada no Cairo.

– E pelo jeito ela nunca foi desenrolada – observou o alemão. – Que notável! A maioria dos ricos europeus adquire múmias apenas para desenrolálas em brincadeiras durante suas festas.

– Eu não. Jamais teria coragem de desembrulhar minha preciosidade. Admiro-a muito e jamais a trataria com tal selvageria.

– Demais! – disse Caio, pegando algumas fotos em cima da mesa de despacho. – Este não é o templo de Abu Simbel?

– Exatamente – confirmou o imperador. – Você conhece o Egito?

– Ah sim, eu já estive duas vezes no Egito, em épocas diferentes.

– Verdade? E o que você mais apreciou, meu caro jovem?

– Eu adorei conhecer Ramsés e ter visto a batalha de Kadesh... Ah, eu também gostei muito de conhecer a tumba de Tutancâmon. Todo aquele ouro. A múmia... Foi demais.

– Conhecer Ramsés... Ver a batalha... – ficou a refletir o imperador. – Que maravilha! Você deve amar muito a egiptologia para falar com tamanha intimidade. Mas Tutancâmon? – ressaltou D. Pedro, bem intrigado. – Esse nome me é estranho. Estou bem familiarizado com o Egito antigo e nunca ouvi falar desse nome.

– Ah... – desconversou o estranho rapaz. – Bem, esta é uma descoberta muito recente.

– Que interessante! Meu jovem Caio, chego à conclusão de que devemos trocar muitas ideias, não acha? Gostaria de ver as fotos que tirei? Tenho um baú cheio delas. Contudo, antes, preciso mandar chamar a imperatriz. Ela vai gostar muito de você. Sabe, Dona Teresa gosta muito de arqueologia. Graças ao meu cunhado Fernando II, minha esposa trouxe para o Brasil o seu maior orgulho, a sua coleção greco-romana. Conhece algo dessa época?

– Um pouco...

– Então, creio que você vai apreciar muito. São peças vindas da Itália, de vários sítios arqueológicos. A maioria vem de Herculano e Pompeia.

– Eu já tinha conhecimento da admiração que a imperatriz tem por esta ciência – interrompeu Carolina. – Soube que também possui uma coleção de vasos etruscos que ela encontrou durante as escavações arqueológicas em suas terras.

– É verdade! – afirmou o imperador. – Você nem imagina como fiquei contente quando vi que essa coleção fazia parte do dote de casamento.

– Poxa! – disse Caio. – Nunca imaginei que gostava tanto disso tudo, imperador.

– Sim, gosto muito. Mas, diga-me Koseritz, o senhor já viajou pelo nosso país?

– Que estranho Vossa Majestade tocar nesse assunto. Estou para fazer essa viagem ainda este ano!

– Não tenha dúvidas em fazer essa viagem, meu caro amigo, e principalmente não deixe de escrever todas as suas observações.

– Como jornalista, estou a par de suas viagens, cujo objetivo era o de acalmar as maiores fontes de descontentamento com o governo, os fazendeiros.

– Assim são os relatos oficiais, mas os jornais não sabem como foram minhas verdadeiras aventuras.

– Como as verdadeiras?

– Ah! Vocês não fazem ideia absolutamente. Só o meu grande companheiro, o meu querido diário, sabe tudo nos mais precisos detalhes. Minha travessia pelo rio São Francisco, por exemplo, foi uma delas. Para você ter uma pequena ideia, enviei um grupo de engenheiros, chefiados por Henrique Guilherme Fernando Halfeld, para levantar detalhes da região. Queria saber se havia populações indígenas agressivas no percurso e qual o calado de navio que poderia atravessá-lo. E isso me lembra de outra viagem deveras difícil, que foi por volta do ano de 1859, quando atravessei grande parte do território nacional, do Rio de Janeiro à Paraíba, muitas vezes, montado em lombo de burro ou a bordo de singelas embarcações. Bom, voltando à outra viagem... Quando passei pela Bahia, fomos parar na fazenda Olhos d'Água. Lá, fiquei mal acomodado na senzala – nome que convém à casa que ali há – , mas, pelo menos, sempre arranjei cama em lugar de rede e dormiria bem, apesar das pulgas, cujas mordeduras só senti no outro dia de manhã, se não fosse o calor e a falta de água, que é péssima ali.

– Nossa! O pessoal de lá deve ter estranhado demais.

– Isso mesmo, meu rapaz. A passagem da nossa comitiva pelo São Francisco causou enorme estranheza às populações ribeirinhas, que nunca tinham visto embarcação tão grande. E muito menos a figura imponente do imperador, de cartola e calças brancas, rodeado por pessoas, também, vestidas formalmente. Que maçada! Seguiram-nos pelas águas até a cidade de Piranhas e, dali, partiram a cavalo para o sertão. Talvez, tenha sido uma das partes mais penosas, pois a comitiva dormiu em redes. Ao fim de oito dias, deparamo-nos, estupefatos, com a cachoeira de Paulo Afonso. É belíssimo o ponto em que se descobrem sete cachoeiras que se unem à grande. Tentar descrever a cachoeira em poucas páginas no meu diário foi cabalmente impossível.

– Essas viagens mereciam ser publicadas – opinou o alemão. – São verdadeiros desafios e tudo isso para evitar o desmembramento da nação.

– Para mim, o mais difícil não eram as viagens, mas sim conseguir a autorização da Câmara. Isso sim era um verdadeiro desafio!

– Mas por quê? – interrompia Caio novamente, sem se incomodar com o olhar repressor de Carolina. – Afinal, o senhor não é o imperador?

– Sim, mas preciso de autorização do Parlamento para ausentar-me. Na minha primeira viagem internacional foi difícil conseguir essa autorização, pois os políticos temiam deixar o país sob as rédeas da minha filha, a princesa Isabel, que tinha apenas 24 anos. A morte da minha filha Leopoldina, em Viena, levou-me a um périplo de onze meses pela Europa – com direito à estreia da ópera "O Guarani", de Carlos Gomes, em Milão. Já a razão para a mais longa viagem ao exterior, de dezoito meses, em 1876, foi a saúde da minha imperatriz Teresa Cristina, atendida na Europa pelo famoso médico Jean Martin Charcot. Nessa mesma viagem, aproveitei para visitar a Rússia e a Crimeia, as cidades de Constantinopla, Atenas e Beirute e a Terra Santa. Também aproveitei para passear pelos Estados Unidos, pela ocasião do centenário de sua independência, onde me encantei com os enormes edifícios, os trens e o desenvolvimento da sua agricultura e indústria. Todavia o que mais me arrebatou, sem dúvida alguma, foi ter participando, ao lado do Presidente Ulysses Grant, da abertura da Grande Exposição do Centenário. Durante a exposição, eu encontrei Alexander Graham Bell, que demonstrava sua nova invenção: o telefone. O seu imperador foi a primeira pessoa a comprar ações da companhia de Bell. Um dos primeiros telefones do mundo instalado em residência particular foi na minha residência de verão aqui no Palácio de Petrópolis.

– Como o senhor ama tantos assuntos tão diferentes!

– Se eu não tivesse o grande dever de governar este país, meu caro Caio, sem dúvida, devotaria minha vida à cultura e principalmente à ciência. Uma das coisas que aprecio muito, mesmo empregando poucos recursos, é financiar cientistas, tais como o químico Louis Pasteur, que conheci pessoalmente e cujas pesquisas deixaram-me muito impressionado. Mesmo ele não sendo reconhecido como merece, acredito muito no seu trabalho – o soberano deu uma pausa quando observou que o rapaz estava atento aos papéis espalhados em cima de uma mesa auxiliar. – Ah, está a admirar minha correspondência?

– Perdão, imperador, eu não queria ser abelhudo.

– Um rapaz sem curiosidade é um rapaz sem caminho – retrucou com simpatia. – Essas são as minhas correspondências com diversas personalidades que tenho tido a felicidade de encontrar durante minhas viagens.

– Nietzche, Lewis Carrol, Julio Verne e até Victor Hugo! – espantou-se Caio.

– Já ouviu sobre esses escritores, meu jovem?

– Bem, já ouvi esses nomes, sim, com meu pai e a Internet.

– Interessante – esfregava o imperador a barba. – Acho que gostaria de conhecer seu pai e essa madame Internet.

– Talvez, bem mais à frente, imperador.

– Você gosta de astronomia?

– É demais!

– Eu também a acho demasiadamente fascinante. Eu adoro passar a noite observando os astros e fazendo alguns cálculos. Essas aqui, por exemplo – o imperador pegou um punhado de cartas amarradas com uma fita de seda azul –, são as cartas de um dos meus maiores amigos, o astrônomo Camille Flammarion. Ele tem ajudado-me a conseguir equipamentos para o nosso observatório. Um dos meus maiores sonhos é finalmente desenvolver um observatório astronômico moldado nos tipos mais modernos, como o famoso observatório de Nice. Eu até já encomendei um telescópio que acredito que será o maior daqui da América do Sul.

– Como lamento – entristeceu-se o alemão com os olhos voltados à correspondência. – Que a paixão de Vossa Majestade não seja partilhada por todos.

– Estou sempre a tentar. Mas não lamente, meu caro, um dia, a imprensa há de reconhecer minha profunda vontade em desenvolver o país. Tudo o que faço sai do meu bolso, isto é, da própria verba que a monarquia recebe do governo para seus gastos, a não ser no caso de algumas poucas pesquisas, como a primeira expedição científica brasileira à Antártica, financiada pelo governo, da qual acredito que ainda verão que dará bons frutos ao Brasil.

– Para a Antártica!? – empolgou-se Caio. – Essa eu nunca imaginei.

– Mas por que Antártica? – indagou Carolina.

– Porque creio que o Brasil deve marcar presença naquele continente gelado, pois tenho certeza que, um dia, a Antártica será muito importante para a humanidade. E também pelo meu conhecimento de astronomia. Apesar de ser o mais frio e inóspito local do planeta, é também um dos melhores locais da superfície da Terra para realizar observações astronômicas.

– Mas realmente o Brasil já tem bandeira em solo antártico? – duvidou Caio.

– Bem, não foi exatamente no solo antártico que fincamos a bandeira, mas já foi próximo. Fomos ao Estreito de Magalhães, fundeamos na Baía de Posesión, território chileno, bem no sul do continente americano, passamos pela Terra Del Fuego e conhecemos a Passagem de Drake, no Oceano Antártico. É a passagem de uns 650 quilômetros de mar bravio que separa o continente americano do continente antártico, conhecida por ter as piores condições meteorológicas marítimas do mundo. As observações feitas em dezembro de 1882, quando a passagem do planeta Vênus frente ao disco solar ocorreu, foi de grande importância, visto que, com o uso da trigonometria, foi possível calcular a distância mais precisa entre a Terra e o Sol.

– Como isso foi possível?

– Para isso foi necessário, *mademoiselle*, cronometrar precisamente os momentos de "entrada" e de "saída" pelo disco solar do pequeno ponto escuro representado por Vênus.

– Que interessante!

– E como! Quando soube deste estudo, entusiasmei-me com a ideia e, logo, assinei com outros países o primeiro acordo para uma colaboração científica. Desse modo, dei início a três missões que se posicionariam em locais que poderiam observar e fazer melhores cálculos dos astros e planetas. Uma delas foi precisamente a que organizei para a Antártica. Para isso, foi escolhida a corveta Parnahyba, da Marinha Imperial, equipada com velas e quatro caldeiras, pois era econômica e desenvolvia boa velocidade.

– E como os políticos reagiram?

– Que outra coisa poder-se-ia esperar, minha jovem? – sorria o imperador agitando as mãos no ar. – Eles atacaram a minha iniciativa. No Parlamento, tive de ouvir de Silveira da Motta sua ignorância: "*Astronomia é há muito tempo a predileção da monarquia. Não é a predileção do povo, que quer mais estradas de ferro, muito café, muita liberdade individual e governos econômicos e moralizadores*".

– Eu me lembro dessa época – comentou Koseritz. – A Revista Ilustrada fez uma caricatura mostrando Vossa Majestade como um sonhador acompanhado de sua luneta, desligado de tudo o que ocorria à sua volta.

– Mas, com apoio ou não, a Parnahyba zarpou do porto do Rio com suas velas sustentadas por três grandes mastros. Ainda bem que a ignorância não a seguiu. Quando a corveta aportou no Uruguai, o governo local, num gesto de reconhecimento da importância da missão científica, dispensou a tripulação da quarentena à qual deveriam ser submetidas todas as embarcações vindas de portos brasileiros. Principalmente do Rio de Janeiro, pelo receio de transmissão da febre amarela. Dias depois, a embarcação adentrou pelas águas do Estreito de Magalhães. Foi atingida pelos poderosos ventos antárticos e, só três dias depois, conseguiu atracar na Baía de Posesión com um dia de antecedência em relação ao cronograma previsto. No dia seis de dezembro, a equipe liderada por Cruls, o diretor do Observatório Imperial, trabalhou bem e as condições meteorológicas ajudaram e, como resultado, obtivemos os melhores dados em todo o mundo. Em suma, a Antártica mostrou-se uma região de interesse fundamental para o Brasil na previsão meteorológica e eventos astronômicos.

– Só que o pessoal daqui não levou isso em consideração – afirmou o alemão.

– Infelizmente eles não entenderam o valor dessa expedição para o Brasil, talvez porque seja realmente difícil valorizar um esforço cujos benefícios somente serão sentidos a longo prazo.

– Faltou visão de futuro a esse pessoal.

– Sim. Eu mesmo sou dotado de alguma visão de futuro, contudo o que sei devo principalmente à minha aplicação, à leitura e ao estudo. Se dependesse de mim, quem sabe, eu me tornaria um fotógrafo e viajaria para todos os cantos do mundo... – por um instante, o olhar de D. Pedro ficou a vagar pelas fotos esparramadas na mesa.

– Vossa Majestade gosta muito de fotografia – comentou Koseritz, vendo o imperador confirmando com um aceno da cabeça. – Soube que foi o primeiro brasileiro a praticá-la. Conte um pouco sobre suas experiências com essa nobre arte.

– Foi em 1840, tinha apenas quatorze anos, à véspera de assumir o Império, que eu vi uma demonstração do abade francês Louis Compte, no centro do Rio. Fiquei encantado com as possibilidades do aparelho e fui o primeiro brasileiro a comprá-lo e usei-o durante alguns anos. Tinha acabado de ser inventado na França, pelo francês Louis Daguerre, por isso, a fotografia chamava-se "daguerreotipia" naquela época. Sabem de onde vem o nome "fotografia"?

– Não tenho a menor ideia – retrucou Caio.

– É curioso que o nome "fotografia" se deva a um fazendeiro de café de Campinas, Sr. Hercule Florence, um francês de Nice. Esse francês residente no Brasil dizia que, desde 1833, ele fazia chapas fotográficas, mas não pôde comprovar que isso era verdade, assim como inventores de outros países que também alegavam terem sido os primeiros. De qualquer forma, deve-se ao Sr. Florence a primazia de ter cunhado o termo fotografia, que foi escrito pela primeira vez, no Brasil. E para incentivar essa nobre arte, instituí no Brasil, a partir de 1851, o prêmio "Fotógrafo da Casa Imperial", agraciado aos melhores fotógrafos do país – subitamente, D. Pedro voltou-se para os convidados. – Mas onde estão as minhas boas maneiras? Por favor, sentem-se e vamos logo tratar do assunto que nos trouxe aqui.

Carolina ainda estava acomodando-se em uma poltrona ao lado de Caio para o início da entrevista quando Dom Pedro a surpreendeu. Muito à vontade, ele tirou um dos sapatos, exibiu a sola para ela e o pai e falou:

– Uma boa ideia essa do nosso garoto, não acham?

– Isso é cera? – deduziu o alemão.

– Como o jovem me disse: "*Para não levar um tombo, basta esfregar cera no sapato*!". Por essa ideia, paguei-lhe ofertando qualquer desejo, e seu Caio pediu-me a audiência – sorriu o regente. – Esse seu assistente é bastante eficiente, Koseritz. Quem me dera se eu tivesse alguns como ele no meu governo.

– Caio! – exclamou Carolina. – Então foi você quem contou ao imperador que estávamos há tempos atrás de uma audiência? – a jovem, comovida, deu um beijo no rosto do rapaz, o qual ficou envergonhado. – Você é mais do que maravilhoso. Contou até sobre o meu livreto para Sua Majestade! Caio, você não existe!

– É isso aí! – disse Caio, balançando a cabeça. – Tem toda razão, eu ainda não existo!

– E então... – cortou o imperador. – Vamos dar início à entrevista?

16. Imigração e Educação

Koseritz tirava o bloco de notas do bolso, mas suas mãos ficaram suspensas no ar quando reparou que Dom Pedro já estava sentado na sua frente, provido de uma folha de papel e uma pena e, sem mais nem menos, foi Sua Majestade quem deu início a uma inesperada entrevista.

D. Pedro: Senhor Koseritz... Melhor, vamos adotar, durante a nossa entrevista, um tratamento menos formal. Amigo Koseritz, soube que chegou em 1851, juntamente com os soldados engajados por Sebastião do Rego Barros, não é? Qual foi a sua primeira impressão da nossa terra?

Apesar de ficar surpreso por encontrar-se como um entrevistado do imperador, o velho jornalista limpou a garganta e respondeu prontamente.

Koseritz: Sim, está correto. Aportei no Rio para servir Vossa Majestade e também para realizar meu sonho de jovem como explorador de terras tropicais.

D. Pedro: Vivem muitos dos seus camaradas aqui no Brasil?

Koseritz: Muitos já morreram, outros voltaram à Europa. Sou um dos poucos que ficaram e estou hoje engajado na luta pelos direitos das colônias alemãs. Tenho o prazer de representar oitenta mil alemães e descendentes que vivem na província do Rio Grande. Lá batem corações fiéis à Casa Imperial.

D. Pedro: Fale-me da colonização! Foi muito difícil a adaptação a estas terras?

Koseritz: Ah! Quem se recorda das difíceis circunstâncias em que se desenvolveram as colônias alemães e vê a que ponto elas chegaram hoje começará a respeitar esse intenso e formidável trabalho humano. Um começo realizado por imigrantes, homens e mulheres que se lançaram a desbravar uma floresta virgem e que, com árduo trabalho, lutaram durante anos contra a fome e todas as mazelas. As suas colheitas eles levavam nas costas pelas picadas, pois nem se podia ainda sonhar com caminhos de chão batido. Arriscavam-se por aquelas bandas ao deparar-se com tribos selvagens e animais nem imaginados por eles. Passaram-se vinte anos e a miséria do corpo já tinha sanado, mas ainda havia a miséria moral a ser debelada. Os agricultores alemães, que haviam colhido bons frutos com sua perseverança, não conseguiam usufruir quaisquer direitos perante a lei, não tinham nenhuma importância na administração do país, não eram consultados sobre nada e a eles cobravam-se pesados impostos.

Caio: Mas eu não entendo. Se trabalhavam tanto aqui, como não tinham direitos?

D. Pedro: Creio que o problema é que, na época, eles não tinham representantes no legislativo para defenderem seus interesses.

Koseritz: Era ainda uma utopia uma representação própria na câmara dos municípios, que viviam quase que exclusivamente do produto do trabalho dos imigrantes. Somente em 1881 foi permitida a candidatura de imigrantes naturalizados no Brasil. Até então, os imigrantes eram maltratados, roubados e assassinados, sem que fosse feito um corpo de delito. Pior ainda era a triste realidade de quando um alemão, em defesa de sua vida ou de seus entes queridos, ferisse ou matasse um brasileiro. Seus direitos eram esquecidos e a partir daí somente podia-se esperar uma pena de prisão perpétua. Sim, para deixar para trás esses dias tenebrosos, iniciei a minha luta. E que arma eu escolhi? A imprensa! Com a voz poderosa da minha prensa, os imigrantes conquistaram a justiça. Hoje, depois de muito sofrimento, avançamos com passos largos e a igualdade perante a lei é uma realidade. Os colonos estão em seus postos como vereadores, subdelegados, juízes e têm representantes na assembleia provincial. Pagam impostos, mas, agora, também, administram-nos, e, quanto às leis, agora, eles ajudam a elaborá-las.

Carolina: Vossa Majestade, meu pai sabe que o governo imperial sempre teve as melhores intenções com os imigrantes.

Koseritz: Mas, apesar das boas intenções, na realidade, o tratamento dispensado a esses imigrantes muitas vezes foi o pior possível.

D. Pedro: Infelizmente é a verdade. Era comum os imigrantes alemães e italianos virem para substituir os escravos. O escravo tornou-se mais caro pela proibição da sua importação da África, após a Lei Eusébio de Queirós, de 1850, e, depois, houve a Lei do Ventre Livre, de 1871. Nas grandes fazendas, organizava-se um sistema de colonato, pelo qual o imigrante e sua família recebiam o salário misto, entre dinheiro e um pedaço de terra, para plantar seu próprio sustento. Todavia as jornadas de trabalho exaustivas e a exploração por parte dos fazendeiros faziam com que os imigrantes rapidamente deixassem as colheitas de café e partissem para os centros urbanos.

Caio: Mas que absurdo! Aqueles homens, com suas famílias, vinham de tão longe para serem explorados no Brasil?

Koseritz: Sim, Caio, era isso mesmo. As primeiras experiências de imigração na década de 1850, após a proibição do tráfico de escravos, foram um grande fracasso. Os fazendeiros colocaram os capatazes para lidar com os colonos, que eram tratados com a crueldade costumeira com que tratavam os escravos. Os colonos, homens livres, revoltaram-se, não aceitaram essas condições de trabalho e deixaram as fazendas. Um deles conseguiu voltar para a Europa e lá escreveu um livro contando a sua terrível experiência no Brasil. Foi um escândalo! O governo da Prússia proibiu a emigração de alemães para o Brasil, no que foi seguido por outros governos. Anos depois, muito esforço foi realizado para convencer aqueles governos a permitirem novamente a emigração para o Brasil porque as condições teriam melhorado.

Caio: E essa agora! Eu pensava que os imigrantes viessem para o Brasil já com um pedaço de terra assegurado. Mas eu tenho a certeza que a imigração vai aumentar muito e a imigração italiana vai continuar a ser a principal nos próximos anos. Ah, e, também, virão muitos espanhóis e até mesmo os japoneses.

Koseritz: Ah, e essa agora de imigrantes japoneses! Você está delirando, rapaz! Por que acha que essas pessoas que moram do outro lado do mundo viriam para cá livremente?

D. Pedro: Caio está certo. Todos aqueles que vierem para trabalhar e fazer esta nação crescer serão bem-vindos. Temos um país enorme e com uma população concentrada no litoral, deixando o interior ainda inexplorado. Por isso, precisamos muito dos imigrantes. Agora, quando comparamos os poucos milhares de imigrantes que vêm para cá com as centenas de milhares que têm atravessado o oceano, todo o ano, para os Estados Unidos da

América... É, fazíamos muito pouco pela imigração.

Koseritz: Sim, Vossa Majestade, prioridade para a imigração e educação. E realmente, pelo tamanho do nosso território, pelo nosso interior quase inexplorado, nós deveríamos receber muito mais imigrantes que outros países.

D. Pedro: Gostaria de deixar claro, para vocês, que sou totalmente a favor da imigração. Se não conseguimos trazer milhões de imigrantes para o Brasil, mas apenas poucos milhares, foi por causa da nossa economia totalmente agrária e voltada à exploração da mão de obra escrava, e os ricos e poderosos deste país impediam que houvesse qualquer mudança nesse sistema. Hoje, contudo, existem finalmente condições propícias à vinda de imigrantes e os números começam a aumentar rapidamente. Tenho certeza de que somente nesta década de 1880 virão mais imigrantes europeus para este país do que o que já veio antes neste século. Posso dizer que finalmente a grande imigração começou a partir da segunda metade desta década. Posso assegurar que serão mais de quinhentos mil imigrantes até o final desta década e o dobro na seguinte. Já começaram a vir massas de imigrantes italianos, portugueses, espanhóis e até cristãos sírio-libaneses, aqui equivocadamente chamados de turcos, por virem do império otomano. Muito disso é consequência de acordos que eu promovi em minha viagem à Europa e ao Oriente. O governo imperial está empenhado nisso, pois sei como os imigrantes são importantes para os países das Américas. Eles trazem uma cultura forte, com técnicas avançadas de agricultura, com o saber industrial e uma incrível vontade de trabalhar e prosperar, características próprias dos imigrantes.

Koseritz: Desculpe-me se fui pessimista, Vossa Majestade. Eu gostaria muito de ver este país com chances de competir de frente com os outros países, mas eu só acredito nisso se realmente melhorarmos a educação.

D. Pedro: Exatamente o que penso.

Koseritz: Vossa Majestade, o que pode ser feito para melhorar a educação no Brasil? Aqui, amargamos a lamentável situação de termos quatro quintos da população ainda analfabeta.

Caio: Caramba! Tudo isso nesta época!? Como pode? Será que nunca vou ver o governo se esforçar em oferecer uma boa educação pública? Mas o que este governo fez ou fará? Para que ele serve afinal?

Koseritz: Calma aí, rapaz! Todos sabem que o imperador se envolve pessoalmente quando se trata de educação.

D. Pedro: Deixa o rapaz, Koseritz. Talvez, ele tenha razão. O fato é que não tive sucesso em convencer as pessoas a darem prioridade à educação, apesar do meu esforço. Não basta um punhado de pessoas com esse objetivo, é preciso o envolvimento de toda a estrutura legislativa e executiva do país, na capital e nas províncias, e a cooperação e cobrança constante da sociedade.

Koseritz: Mas, infelizmente, isso não ocorre.

D. Pedro: Ocorre o contrário. O que os políticos e outros setores influentes fazem é achar curioso o envolvimento do imperador nesse assunto. Eles não levam a sério as minhas ações em prol da educação e da ciência e, muitas vezes, esses políticos e os jornais fazem chacota das minhas ações. Enfim, apesar do meu empenho, não consegui convencer, mas, talvez, cada país tenha o seu ritmo e um dia chegará a vez do Brasil, um dia a sociedade brasileira estará suficientemente amadurecida para levar tudo isso a sério.

Carolina: É realmente lamentável a situação da educação no Brasil!

Koseritz: O problema capital do Brasil é a difusão da cultura pela instrução e educação literária. Como Vossa Majestade compreendeu desde cedo, a liberdade não vai de mãos dadas com a ignorância sem degenerar em anarquia. Para um povo analfabeto, a formação política sobre a qual se apoia um governo parlamentar é como a roupa de um adulto no corpo de um menino de dez anos, que só serve para lhe confundir os movimentos.

O imperador ficou em silêncio, triste e pensativo até que finalmente quebrou o voto de silêncio.

D. Pedro: Mas o senhor crê que temos feito algum esforço para solucionar esse grave problema?

Koseritz: O maior esforço vem de Vossa Majestade, que se orienta, assim, para a melhoria da instrução e o alargamento da cultura geral. Por isso, protege todas as sociedades e ligas pedagógicas e científicas, por isso, promove a reunião de um congresso pedagógico unido a uma exposição da mesma natureza, por isso concede sempre e de bom grado condecorações e títulos para premiar serviços relacionados com a instrução e por isso, finalmente, comparece pessoalmente a todos os concursos culturais e educacionais abertos. Sim, Vossa Majestade emprega o maior esforço, em dinheiro e tempo, no levantamento da instrução e ampliação da cultura geral. Lembro-me de quando Vossa Majestade usou o dinheiro de donativos populares destinados a uma estátua em sua homenagem, em razão da vitória na guerra do Paraguai, para a construção de oito escolas no Rio de Janeiro. Isso é muito digno do nosso reconhecimento. Aliás, Vossa Majestade, já tive a experiência de ser um educador, por isso, posso afirmar que o Colégio Pedro II é um estabelecimento modelar.

Finalmente, veio à tona um sorriso no rosto do imperador.

D. Pedro: Os meus netos estudam lá!

Caio: Imperador, Koseritz tem razão. O colégio é ótimo e os professores de lá são muito bons.

D. Pedro: Mas como você sabe se não estuda lá? Você não veio de fora, rapaz?

Caio: Bom... é que... tenho alguns amigos que estudam lá e eles falam muito bem do colégio!

D. Pedro: Sinto-me gratificado por isso. Mas nas outras escolas a situação é crítica. Nosso país é pobre e os recursos são poucos, mas o pior é que há uma briga enorme entre as correntes no parlamento na hora de definir o orçamento da nação. Na partilha dos recursos, a educação acaba sendo prejudicada.

Koseritz: Este assunto interessa-me muito. Como disse, fui um educador, um professor primário nos meus primeiros anos de Brasil e até abri uma escola. Por isso, guardei um manifesto, de 1871, feito por professores públicos primários daqui da corte, que chamavam a atenção para as difíceis condições de trabalho.

D. Pedro: Conheço este manifesto. Creio que com a responsabilidade de formar as cabeças das futuras gerações, os professores deveriam ter os melhores salários.

Koseritz: Eu sei que Vossa Majestade faz o possível. Mantém, na Quinta da Boa Vista, a sua própria custa, uma escola particular dirigida por três professores e frequentada por duzentos alunos pobres. Gostaria muito que o Parlamento seguisse seu exemplo, que vive em condições modestas, como nenhum presidente de pequena República seria capaz de aceitar, e sei que dos 800 contos da sua lista civil gasta mais de 700 com obras de caridade, dispêndios ligados à instrução pública e bolsas de estudo para apoiar novos talentos.

D. Pedro: Se eu gastasse com a monarquia a minha lista civil, poderia viver com grande luxo. Ainda ontem, quando se discutia o orçamento que deve ser apresentado às câmaras, desejou-se, em face da necessidade de economias forçadas, diminuir a verba para a instrução. Prefiro cortar da minha verba e não ganhar nada do que cortar a verba para a instrução pública. Perdi o sono por incontáveis noites de tanto que me afligi com essa e outras questões políticas. Por mais que eu governe, todo o esforço parece fadado ao esquecimento.

Caio ficou com um ar distante, refletindo sobre tudo o que foi discutido.

– Algum problema? – indagou o alemão ao ver Caio pensativo.

– Não, não – Caio virou-se para Koseritz. – Puxa, esta entrevista está boa. Eu não sabia que os imigrantes passavam tantas dificuldades e eram recebidos com desconfiança pela população.

– É sempre bom ver que um jovem aprendeu algo.

– Eu aprendi que hoje ou amanhã ainda vão ser poucos os que realmente se preocupam com a educação neste país, mas agora, pelo menos, percebo que essas poucas pessoas é que fazem ou farão a diferença.

17. Desenvolvimento e Guerra

A entrevista retomou seu curso, apesar de uma pequena interrupção de um copeiro que trouxe uma bandeja para os convidados. Com um olhar, o imperador ordenou a rápida retirada do funcionário. Enquanto Caio e Carolina serviam-se de alguns quitutes, Kozeritz voltou-se para a figura bem-disposta de D. Pedro.

Koseritz: E então, Vossa Majestade, o que tem a dizer sobre o desenvolvimento econômico do Brasil?

D. Pedro: Creio que muita coisa tem sido feita nesta segunda metade do século. Somos os maiores produtores mundiais de café, açúcar, borracha e cacau. Temos a maior rede ferroviária da América, depois dos Estados Unidos, e uma indústria naval e uma frota de barcos mercantes de merecer o respeito dos países mais desenvolvidos; enfim, embora nossa exportação seja composta basicamente de produtos primários, temos uma parcela muito importante do comércio mundial.

Carolina: Não acredita que poderia ser melhor?

D. Pedro: Claro! O que está a apontar?

Carolina: Poderia ser melhor se a nossa economia não tivesse sido baseada inteiramente no uso de mão de obra escrava.

D. Pedro: Certamente.

Koseritz: Isso vem de Portugal, Vossa Majestade, que controlou com mão de ferro o Brasil Colônia. Portugal proibia, nesta terra, qualquer iniciativa que resultasse em alguma autonomia. Não havia liberdade de empreender, era proibido montar tipografias e importar livros, bem como não havia ensino superior. Existiam leis proibindo a construção de estradas entre as regiões, para não facilitar a troca de ideias entre elas, leis proibindo a fabricação de qualquer produto no Brasil, pois tudo tinha que vir de Portugal, o qual, por sua vez, também, não fabricava nada. A colônia estava num completo isolamento, sem um sistema rudimentar de educação, e os colonos sem acesso a conhecimentos técnicos relativos às suas atividades.

Caio: Como? Era tudo proibido?

Koseritz: Sim, meu caro assistente, por mais absurdo que seja, isso é verdade. Antes, até que havia uma indústria crescendo muito e que fornecia aos colonos tecidos, artigos de couro, ferramentas e armas. Porém, em 1785, Portugal proibiu quaisquer manufaturas no Brasil, que teria de importar tudo de Portugal. Este, por sua vez, importava tudo da Inglaterra, com a qual tinha um tratado de comércio, e pagava com o seu vinho e ouro e diamantes do Brasil. Portugal queria manter a colônia sem nenhuma autonomia. Tinha medo de perder o Brasil, portanto, tentava mantê-lo ignorante e isolado.

D. Pedro: Bom, tudo isso mudou com a vinda de meu avô, D. João VI, e a família real para este lado do Atlântico, escapando de Napoleão Bonaparte.

Koseritz: Foi uma coisa incrível. O Brasil adquiriu uma importância excepcional. O Rio de Janeiro passou a ser a sede do governo do mundo português. De 1808 a 1821, daqui se administrava um império ultramarino enorme, que abrangia territórios na Europa, África, Ásia e América.

Caio: Espera aí! D. João VI não era aquele rei que dizem que era medroso, porco, não tomava banho, tinha uma mãe louca e sua corte era corrupta?

Koseritz: Mas que falta de respeito! De onde você tirou isso?

D. Pedro II: Deixe, Koseritz. Ele ouviu isso de pessoas que gostam de achincalhar nossos vultos históricos. É só explicar a Caio que o meu avô não era medroso e que loucura, corrupção e impunidade são tão antigas quanto a civilização e eram características comuns a outros reinos e até às repúblicas de hoje.

Koseritz: D. João VI teve a coragem de desafiar Napoleão. Evidentemente não foi às pressas que ele deixou Portugal. Foi uma fuga tão bem planejada e necessária que Sua Alteza Real Regente de Portugal trouxe mais de dez mil pessoas que faziam parte de sua corte. Como pode ver, Caio, foi uma decisão difícil, mas acertada, pois ele foi o único monarca do continente que passou a perna no imperador francês.

Carolina: Foi o único monarca cujo país foi invadido e que conseguiu manter sua real coroa na cabeça e seus domínios em suas mãos!

Koseritz: Não era nada fácil fazer uma viagem perigosa, que levava dois meses em navios superlotados. Detesto monarcas absolutistas, mas tenho de admitir que o Brasil teve muita sorte em receber um monarca de bom caráter como ele, conhecido por sua bondade e senso de responsabilidade política.

Caio: É! Vendo por esse ângulo ele não foi medroso, não.

D. Pedro: Meu avô não queria a guerra, mas foi obrigado a optar por um dos lados. Creio que ele foi bastante prudente, pois mandou fazer os preparativos para a viagem da corte enquanto estendia as negociações com os franceses o maior tempo possível. No final, a melhor opção acabou sendo a Grã-Bretanha. Ficara claro que Napoleão não queria mais nenhum acordo e derrubaria a casa real dos Bragança e imporia algum parente seu como rei.

Koseritz: E para piorar, se D. João se submetesse ao lado francês os britânicos fariam com Portugal o mesmo que fizeram com a Dinamarca, onde a capital Copenhagen foi severamente bombardeada pela marinha britânica e morreram mais de mil dinamarqueses. Lisboa teria o mesmo destino e Portugal ficaria com as suas colônias e seus navios mercantes à mercê de ataques dos navios britânicos. Isso seria terrível para Portugal, certamente logo perderia suas colônias, que conseguiriam a independência com o apoio britânico, entre elas o Brasil, que se fragmentaria em vários países.

D. Pedro: Quanto ao aspecto de limpeza e asseio, D. João e sua corte eram iguais à maioria dos europeus daquela época. Por séculos, os europeus não tomavam banho e acreditavam que a água retiraria os fluidos essenciais do corpo. Que absurdo, não? Pois, então, as críticas dessas pessoas somente teriam sentido se meu avô fosse diferente dos demais.

Koseritz: A vinda de D. João propiciou grandes feitos e eu o admiro muito, pois, com ele, começaram as primeiras indústrias, as metalúrgicas, os moinhos de trigo, as fábricas de barcos, pólvora, tecidos e de muitos outros produtos, além do Jardim Botânico, a Biblioteca Nacional e o Museu Nacional. O Rio de Janeiro mudou radicalmente, passou por um ritmo frenético de construção, sendo melhorada substancialmente a infraestrutura da cidade.

Carolina: Pai, também, há o Real Teatro e a Academia de Belas Artes, que precisamos conhecer.

Koseritz: Com prazer, vou levá-la a esses lugares.

Carolina: E imaginar que tudo isto foi graças à vinda da família real, que viajou apenas um dia antes de as tropas de Napoleão ocuparem Lisboa.

Caio: Então é o que imaginei, devemos tudo a Napoleão!

Carolina: Vossa Majestade, e no ensino superior, como estamos em relação aos outros países da América?

Koseritz: Se for para comparar com os Estados Unidos, minha filha, saiba que esse país, à véspera da sua independência, já tinha nove universidades. O colonialismo britânico nesse ponto foi muito mais favorável à colônia.

D. Pedro: No tocante à América espanhola, estávamos muito atrasados em relação ao Peru e México, que possuíam escolas de nível superior desde o século XVI. No Brasil, a primeira escola de ensino superior foi criada em 1792. Tratava-se da "Real Academia de Artilharia, Fortificação e Desenho", aqui, no Rio de Janeiro, que recebeu grande impulso quando meu avô esteve no Brasil e remodelou-a, em 1810, mudando seu nome para "Real Academia Militar". A outra é a "Faculdade de Medicina da Bahia", em Salvador, fundada por meu avô, em 1808. Mas, depois, somente em 1827, após a independência, foram criadas as duas primeiras escolas de Direito, em Olinda e em São Paulo.

Koseritz: Bom, por um lado mais técnico, posso dizer que até hoje a América espanhola está atrasada, pois as suas universidades em geral carecem de objetividade, têm caráter religioso e foram fundadas e dirigidas por uma Igreja muito conservadora. Apesar de serem mais recentes, nossas escolas de ensino superior têm uma orientação mais profissional que, aliadas aos centros e institutos dedicados, no final, têm mais êxito em gerar conhecimentos aplicados. E os países de língua espanhola ao sul do Brasil, também, entraram tarde no ensino superior, o último foi o Paraguai, que somente, neste ano de 1885, fundou uma escola de Direito, sua primeira escola de nível superior.

Caio: Aqui, no Brasil, nós tivemos algum grande homem com visão do futuro?

Koseritz: Eu respondo essa, Vossa Majestade. Sim, Caio. Nosso grande homem, estadista formidável: José Bonifácio de Andrada e Silva!

Caio: Mas o que ele fez?

Koseritz: O que ele fez? Esse homem era formidável! Para Bonifácio, o principal defeito do Brasil era a economia do país ser baseada no trabalho escravo. Ninguém trabalhava a terra, ninguém queria fazer trabalho braçal neste país, tudo tinha de ser feito pelo escravo. Durante a constituinte, Bonifácio recomendou várias medidas para desenvolver o país, começando pelas seguintes: a imediata abolição do tráfico de escravos da África para o Brasil e a extinção gradual da escravidão, começando por uma lei do ventre livre. E essa lei, Caio, somente foi adotada no reinado da Sua Majestade, com cinquenta anos de atraso. Ele também lutava pela incorporação dos índios e dos negros à sociedade, por uma reforma agrária com a substituição do latifúndio e distribuição de terras, a localização adequada das novas vilas e o aproveitamento e distribuição das águas e a exploração das minas.

D. Pedro: O brilho de Bonifácio ofuscou os olhos de muita gente. Chocou-se com os poderosos interesses dos grandes proprietários de terra e dos traficantes de escravos que mandavam na economia da época. Bonifácio, também, opôs-se à forma pela qual foi estabelecido o primeiro empréstimo no exterior.

Caio: E o que aconteceu com ele?

Koseritz: Foi mandado para o exílio, enquanto seus detratores mantinham o regime de escravidão, protegiam os grandes latifúndios e iniciavam a história sem fim da dívida externa.

D. Pedro: Ah, se suas ideias tivessem sido implantadas, tenho a absoluta certeza que hoje nosso país seria outro, com um nível de desenvolvimento muito mais alto!

Koseritz: Sem dúvida! Vossa Majestade chegou a conhecê-lo?

D. Pedro: Lembro um pouco dele, uma pessoa culta, mas muito severa... Creio que ele já tinha perdido um pouco a paciência com certas pessoas daqui. Quando voltou do exílio, foi meu tutor por dois anos, mas eu era muito novo, tinha só oito anos quando ele nos deixou. Ele foi o verdadeiro cérebro por trás de nossa independência, por isso, chamado de Patriarca da Independência! Realmente era um homem por demais avançado para o seu tempo neste país.

Caio: Um verdadeiro viajante do tempo!

D. Pedro: Ah, sim. O jovem quer dizer que ele pensava além do seu tempo.

Koseritz: Vossa Majestade, o Rio de Janeiro é a cidade com a natureza mais linda do mundo. Um soberbo panorama. Todavia é uma pena que tudo isso esteja ameaçado.

D. Pedro: Mais ameaças? Como? Quem?

Koseritz: A cidade está ameaçada pelo crescimento descontrolado e por essa maldita febre amarela. A cidade está infestada de casos da doença e os necrotérios estão lotados, são milhares de mortos todos os anos, principalmente no verão.

D. Pedro: A febre amarela é uma das minhas grandes preocupações. É uma lástima não existir uma vacina contra essa enfermidade. Tentei convencer o grande cientista Louis Pasteur a vir ao Brasil para tentar desenvolver uma vacina, mas ele declinou do convite, pois estava envolvido em outras pesquisas na França.

Koseritz: Essa maldição é uma das coisas que mais atrapalham o nosso desenvolvimento. Lá fora, há gente que não quer vir para o Brasil de jeito nenhum, pois tem medo da febre mortal.

D. Pedro: Tantas mortes. Isso me leva a sentir o mesmo pesar como naquela terrível seca de 1877 na região Nordeste.

Caio: Já havia seca no nordeste, em 1877?

D. Pedro: É claro que já havia seca! Onde é que você vive, rapaz? Koseritz, às vezes, seu assistente fala de um modo estranho...

Koseritz: É! Às vezes, ele sai um pouco da realidade... Eu já me acostumei com isso.

Caio: Eu não sabia que este problema vinha desde esta época.

D. Pedro: Desta época? Rapaz, já havia relatos de secas no Nordeste desde o século XVI, mas essa foi devastadora. Durou até 1879 e matou mais de quinhentas mil pessoas, o dobro da guerra do Paraguai. Foi a maior tragédia deste século na América do Sul. A província do Ceará foi a mais atingida. A economia foi arrasada e a proliferação de doenças e a fome dizimaram o rebanho e as pessoas. Metade da população de Fortaleza pereceu. Quando soube da tragédia, fui visitar a região e, pela primeira vez, não me contive e chorei.

O imperador parecia emocionado e triste lembrando aqueles acontecimentos e a sensação de impotência que sentiu na época, constatando que tudo que fizesse somente ajudaria a amenizar muito pouco o sofrimento daquela boa gente. Os outros se mantiveram calados em respeito à tristeza do imperador. Após alguns instantes, Koseritz resolveu quebrar o silêncio.

Koseritz: Vossa Majestade não crê que há muita gente interessada em perpetuar a imagem da região Nordeste como miserável para atrair verbas para lá?

D. Pedro: Sim, Koseritz. Tem muita gente interessada em manter essa ideia do Nordeste seco, miserável, dependente. É uma situação triste porque há milhares de famílias fugitivas das regiões mais secas, principalmente do Ceará e de Pernambuco, que necessitam desesperadamente de ajuda. O Império envia muitas verbas, mas elas não chegam até os necessitados.

Koseritz: Muitos políticos valem-se do discurso da miséria nordestina, como se fosse uma fatalidade, como se a região fosse predestinada à desgraça e à miséria. É verdade que a economia canavieira do Nordeste entrou em crise e o café do Sudeste tornou-se o principal produto de exportação, mas é possível reverter essa situação, construindo açudes, abrindo canais de irrigação e trabalhando outras culturas agrícolas.

D. Pedro: Sim, com muito trabalho aquela região poderia ser viável. O que falta é honestidade e vontade política para fazer o Nordeste dar certo. Talvez daqui a alguns anos essa situação comece a mudar.

Caio: Eu acho que não vai ser em alguns anos não, acho que vai levar mais de um século...

D. Pedro: Quanto pessimismo, rapaz! Já houve mais de trinta secas no Nordeste, mas foi essa seca de 1877-79 que, pela primeira vez, chamou a atenção do resto do país e até do exterior para o problema dessa região. Houve uma seca violenta na década de 1820 que matou, proporcionalmente à população, tanta gente como esta agora, mas ninguém no resto do país e no mundo se incomodou. Desta vez, contudo, formou-se uma consciência nacional sobre o assunto e as pessoas em todo o país mobilizaram-se para ajudar o povo da região.

Koseritz: Foi comovente ver as pessoas preocupadas com a situação daquele povo. Até meus companheiros jornalistas dos grandes jornais da Europa e dos Estados Unidos noticiaram a tragédia e procuraram organizar alguma ajuda para enviar à região. Foi a primeira vez que o governo criou uma política para salvar o Nordeste por meio de um trabalho organizado, empregando-se a própria mão de obra dos retirantes. Assim, iniciaram-se a construção de poços, açudes, barragens e estradas; falou-se até mesmo em canalização das águas do rio São Francisco. Houve até a experiência da Sua Majestade, que mandou importar dromedários do Saara para tentar adaptá-los ao sertão.

Caio: É, Imperador, pelo que eu sei não deu certo, mas valeu a tentativa.

D. Pedro: Obrigado, rapaz! É lastimável não ter conseguido fazer essa ideia dar certo. Como teria ajudado aqueles retirantes do interior, que buscavam desesperadamente escapar da fome e da sede angustiantes. Imaginamos que, com a capacidade dos dromedários de sobreviver sem água por semanas, eles seriam uma excelente substituição aos cavalos e jegues. Infelizmente, eles não se adaptaram ao chão duro da região.

Caio: E para onde os retirantes foram, Imperador?

D. Pedro: Eles ocuparam as grandes cidades no litoral do Nordeste, trazendo como resultado as epidemias, principalmente a violenta varíola, assim como a fome, os saques e os crimes. Não foi culpa deles, mas é que as cidades não podiam suportar a multidão de trapos humanos que se alojava em seus arredores. Fortaleza, por exemplo, viu sua população de vinte mil ser multiplicada por seis, o que gerou sérios problemas de saúde pública e um ambiente propício ao desenvolvimento de doenças. Houve uma epidemia de varíola que logo se alastrou nos organismos debilitados daquela população. Compramos vacinas contra essa maldita doença, mas o povo fugia da aplicação da vacina, desconfiado da ideia de introduzir a doença no corpo.

Koseritz: Ah, Vossa Majestade, se houvesse uma maneira de ajudar aquela gente levando os recursos diretamente às pessoas necessitadas, isso reduziria o uso político da miséria, que abastece as urnas eleitorais de votos para políticos sem escrúpulos.

Carolina: Mas por que esses recursos têm de passar pelas mãos dos políticos? Não há um jeito de mandar os recursos diretamente às pessoas?

Caio: Por que vocês não criam um programa do tipo "Bolsa Família"?

Koseritz: Bolsa Família? Mas o que é isso?

Caio: Ehhh... Poderia ser um programa de assistência social. As pessoas seriam cadastradas e teriam direito de receber um pagamento mensal no banco mais perto.

D. Pedro: Que é isso, meu jovem! Até parece uma boa ideia, mas você acha que essas pessoas sabem o que é um banco e o encontram em qualquer lugar? E como cadastrar todas as pessoas? Também, não temos recursos suficientes para todos. As receitas do governo imperial são diminutas para o tamanho da empreitada. Agora, nós temos as frentes de trabalho, implantadas pelo presidente da província do Ceará, com a ajuda do governo imperial, que além de construir algo extremamente útil, como as estradas e os açudes, valorizam e dão dignidade ao ser humano.

Caio: É mesmo. Acho que as frentes de trabalho são uma boa ideia.

Carolina: Só precisa de vontade política para espalhar essa ideia pelo país todo.

Koseritz: Vossa Majestade, por falar em vontade política, acho que seria fundamental para o desenvolvimento do país, a construção de mais estradas, principalmente de ferrovias, para escoar a produção do interior para os portos do país.

D. Pedro: Ah, as ferrovias! E pensar que até a metade do século não possuíamos estradas para o interior do país! Tínhamos de andar a cavalo ou de barco para ir a algum lugar. Hoje, já temos mais de 8 mil quilômetros de estrada de ferro

Koseritz: Não acha que ainda é pouco?

D. Pedro: Claro que necessitamos de muito mais! Como escoar a produção do interior se não temos o transporte adequado? Mas vejam os avanços. Sabiam que, há alguns anos, para ir a São Paulo, levávamos até quatro dias? Eram três dias por barco até Santos e, depois, mais um dia para subir a serra até São Paulo. Hoje, levamos algumas horas de trem, passando pelo belo Vale do Paraíba.

Koseritz: Adoro as ferrovias! Nós tivemos agora a oportunidade, mesmo com certos receios, de passear em um dos vagões puxados pela locomotiva Baronesa.

Carolina: E como a viagem do Rio a Petrópolis é bela!

D. Pedro: Essa primeira ferrovia brasileira, inaugurada em 1854, veio do grande esforço do senhor Irineu Evangelista de Souza. Foi por essa iniciativa que ele recebeu de mim o seu primeiro título, barão de Mauá.

Caio: Barão de Mauá? Já ouvi falar dele, foi o primeiro grande industrial brasileiro!

Koseritz: Um homem excepcional que tinha ideias muito avançadas.

Apostava na tecnologia moderna, na administração descentralizada, em que a responsabilidade de cada um é valorizada, promovia a distribuição de lucros aos funcionários, incentivava seus colaboradores a montarem empresas, enfim, tudo isso criava um sistema coeso que enfrentava muito bem as dificuldades que surgiam. Por isso, ele cresceu tão rápido, chegando a controlar dezessete empresas, com filiais em seis países.

Caio: Incrível! Temos aí outro viajante do tempo. Parece alguém que estava um século à frente dos demais.

D. Pedro: Sim, Mauá era muito ousado. Em 1846, ele saiu do comércio tradicional e comprou a sua primeira indústria, em Ponta de Areia, no fundo da Baía de Guanabara, e a ampliou muito nos anos seguintes. Saíram de lá 72 navios a vapor, inúmeras caldeiras para máquinas a vapor, engenhos de açúcar, guindastes, prensas, peças de artilharia, postes de iluminação, tubos de ferro para encanamentos de água e gás, e muitas outras coisas. Logo, Mauá criou um banco e outras indústrias. Mas todas essas indústrias somente prosperaram porque os produtos britânicos já não contavam mais com imposto de importação baixo. Isso significou uma proteção para os produtos fabricados no Brasil e, no caso de Mauá, também, decisivo foi o fato de que suas empreitadas eram ajudadas por empréstimos abundantes e a baixos juros, pois os recebiam de seu próprio banco, que captava os recursos no mercado. Seu banco era grande, pois possuía filiais nos Estados Unidos, Inglaterra, França, Argentina e Uruguai. As empresas de Mauá formavam um sistema inovador na América do Sul e tiveram um crescimento vertiginoso nos anos 1850.

Caio: Mas eu sei que, depois, ele faliu, e o seu governo foi o culpado.

D. Pedro: Não, não foi assim. O governo imperial não foi o verdadeiro culpado pela falência de Mauá. Insisto em dizer que Mauá estava inteiramente ligado ao governo e aos capitais britânicos, assim qualquer crise no governo ou no estrangeiro afetava seriamente seus empreendimentos. O mundo mudara muito nos anos 1870. O governo gastou muito na guerra do Paraguai e entrou em crise, ao mesmo tempo em que os britânicos tinham recursos financeiros sobrando para investir em qualquer parte do mundo. Assim, sem as encomendas do governo e sem o apoio dos britânicos, que não queriam competição no país e também não mais necessitavam de intermediários, os negócios de Mauá entraram em decadência. Eu sou muito grato a Mauá por tudo que ele fez pelo desenvolvimento do Brasil. Sabem que ele ajudou muito no desenvolvimento da região amazônica, quando resistimos às pressões dos Estados Unidos?

Caio: Pressões dos Estados Unidos? Como foi isso?

D. Pedro: Houve, na década de 1850, uma crise com os Estados Unidos da América. Eles queriam acesso ao rio Amazonas, que nós mantínhamos fechado à navegação internacional. Resistimos às pressões, pois alegávamos que essa situação era transitória e que precisávamos desenvolver um pouco mais a região para então permitir a navegação internacional. Eles somente deixaram de lado essas pressões por causa da guerra da secessão, mas a Grã-Bretanha também pressionava. Mauá ajudou-nos muito nessa situação, pois ele criou, a nosso pedido, a Companhia de Navegação da Amazônia, que contribuiu enormemente para o desenvolvimento da região, possibilitando a fundação de várias cidades ao longo do grande rio. Assim, quando a navegação internacional foi liberada, no ano de 1867, a região já contava com um nível razoável de povoamento.

Caio: Bom, enquanto pôde, Mauá fez muito pelo Brasil. A ferrovia para Petrópolis feita por ele, por acaso foi a primeira da América do Sul?

Koseritz: Não, Caio. Na América do Sul, a primeira linha de trem aconteceu no Peru, a linha Lima-Callao, em 1851, a segunda foi no Chile, também em 1851, a terceira foi a nossa linha para Petrópolis, em 1854. Depois disso, veio a Colômbia, em 1855, a Argentina, em 1857, o Paraguai, em 1861, e o Uruguai, em 1869.

D. Pedro: O Brasil, pelo seu tamanho, logo, tomou a liderança nesse assunto na América do Sul; demoramos um pouco a começar, mas logo fizemos várias outras ferrovias, até o final dos anos 1860, já contávamos com seis.

Caio: Devem ser obras difíceis que precisam de uma boa engenharia. Imperador, como a engenharia do Brasil pode ser comparada com a dos outros países da América do Sul?

D. Pedro: Creio que o Brasil é o único país na América do Sul que apresenta há décadas uma forte engenharia nacional. Tivemos indústrias de grande porte, como a indústria de Mauá, o Arsenal de Marinha, várias fundições e grandes empreendimentos agroindustriais. Com o nosso próprio ferro fizemos grandes projetos de navios e suas máquinas a vapor, tudo com engenheiros brasileiros, eventualmente com a colaboração de grandes nomes internacionais. Aliás, a construção naval sempre foi muito bem desenvolvida por aqui, já tínhamos bons estaleiros em Salvador, no século XVII, e, depois, no Rio de Janeiro a partir do século XVIII. Sabia que em 1665 foi construído no Brasil, em Salvador, o maior navio do mundo, o navio cargueiro "Padre Eterno", que deslocava duas mil toneladas?

Koseritz: O Brasil pode orgulhar-se da sua marinha e da construção naval. Estive com o príncipe da Prússia visitando o arsenal de marinha, e ele ficou estupefato de encontrar uma indústria tão grande e avançada aqui nos trópicos. Acho que o que falta ao brasileiro é acreditar mais em si mesmo, aprender a valorizar seus quadros técnicos, dar continuidade aos projetos e, sobretudo, dar mais ênfase ao planejamento e organização, porque as coisas aqui parecem ser feitas muito na base do improviso.

Mais uma vez o grupo teve de suportar a interrupção de criados que estavam a trazer alguns documentos e mensagens enviadas do Rio. Após escolher entre vários papeis o imperador deu prioridade a uma pequena folha. O semblante deu vazão a uma sombra carregada de apreensão.

Carolina: Notícias ruins, Majestade?

D. Pedro: Mais do que ruins, são alarmantes. Acabo de ser informado que estamos a enfrentar aqui na corte um surto de cólera, essa desgraça de doença. Depois de invadir os estados do Amazonas, Bahia e Pará, temo que ela se alastre no Rio de Janeiro. Odeio essa doença desde a época da guerra do Paraguai.

Koseritz: Maldita guerra do Paraguai! Vossa Majestade, essa guerra foi um acontecimento desastroso que custou enormes recursos materiais e humanos ao Brasil e arrasou o Paraguai. Perdemos dezenas de milhares de homens e as finanças do Império ficaram combalidas.

Carolina: Vossa Majestade, eu sinto que a guerra teve um resultado tão brutal. Imagino como foram terríveis as perdas humanas. Todos os países sofreram bastante com a guerra, mas as perdas do Paraguai foram terríveis, levará uma a duas gerações para voltar a ter a população de antes da guerra.

D. Pedro: Sim Sim. A guerra teve um resultado brutal, sobretudo para o Paraguai. Acredito que as mortes do lado paraguaio podem ter chegado a 200 mil, cerca de 45% de sua população. Os combates foram ferozes, no entanto a maior parte das mortes não ocorreu nas lutas, mas sim devido à fome, às epidemias e às marchas forçadas para o interior impostas à população pelo seu ditador.

Koseritz: Estranho é que há aqueles que acreditam na propaganda do Lopez que o Paraguai tinha um milhão de habitantes, contra toda a lógica.

D. Pedro: A propaganda de Solano Lopez mais que dobrava o verdadeiro número, numa tentativa de mostrar aos vizinhos que o Paraguai era muito mais poderoso do que realmente era Se assim fosse, o Paraguai, com um território inóspito, teria a maior densidade populacional entre os países envolvidos na guerra e poderia formar um exército duas vezes maior, que seria imbatível em seu território.

Caio: Quantas foram as baixas do nosso lado?

D. Pedro: No lado aliado, as forças armadas também foram muito castigadas, pois perderam uns setenta mil homens, a metade devido às condições insalubres do terreno e às doenças. Entre os civis, também, houve milhares de baixas, principalmente durante a invasão paraguaia ao Brasil e Argentina.

Caio: E quanto custou essa guerra ao país?

D. Pedro: O tesouro real indicou um custo total de 614 mil contos de réis, custeado da seguinte forma: 49 mil de empréstimo estrangeiro, 27 mil de empréstimo interno, 102 mil de emissão de dinheiro, 171 mil de emissão de títulos públicos e 265 mil de impostos. Todo esse gasto equivaleu a quase onze orçamentos anuais do Império de antes da guerra, que era diminuto para o tamanho do Brasil, de apenas 57 mil contos de réis.

Caio: Puxa, e eu pensava que o empréstimo externo fosse a maior parte da dívida!

D. Pedro: O Brasil saiu da guerra do Paraguai em péssima situação financeira, mas não por causa do empréstimo externo, que representou apenas 8% dos gastos. Esse empréstimo inicialmente não era para a guerra e demorou anos para ser liberado porque estávamos com as relações cortadas com a Grã-Bretanha devido a questão Christie; somente em 1865, após as batalhas de Riachuelo e Uruguaiana, já com quase um ano de guerra, as relações foram normalizadas. A maior parte dos gastos foram cobertos dentro do próprio país, pela emissão de papel-moeda, títulos públicos e aumento de impostos.

Koseritz: Que pena que esse dinheiro não foi usado para promover o desenvolvimento do país. Que desperdício, por tantos anos!

Caio: Para essa guerra durar tanto tempo, a tecnologia industrial paraguaia devia ser muito avançada, não é verdade?.

D. Pedro: Não. Na verdade não havia nenhuma tecnologia industrial paraguaia. Eles não tinham ensino superior nem técnico de nível médio. Não havia um mercado de consumo para produtos industriais no Paraguai, país de baixa população, com rancheiros de origem espanhola e três quartos de sua população formada por guaranis vivendo em aldeias ou nas interessantes experiências de organização social que eram as estâncias da pátria, criadas dezenas de anos antes pelo seu primeiro ditador, José Gaspar Rodriguez de Francia. O sistema produtivo era dominado pela pequena produção camponesa de subsistência, que era atrasada e nem utilizava o arado de madeira. Como obrigação, os camponeses deviam entregar uma cota de produção de erva-mate ao governo, que era exportada para a Argentina e o Uruguai, mas os camponeses recebiam muito pouco por isso. Era um país sem operários, quando o governo precisava fazer alguma obra, ele usava os condenados e os soldados, que não recebiam pagamento. No entanto, o Paraguai estava começando um processo de industrialização com a ajuda de uma companhia britânica. Assim, a operação de sua pequena indústria dependia totalmente de cerca de 250 técnicos estrangeiros, levados para o Paraguai por Carlos Antonio Lopez, pai e ditador antes de Solano Lopez. Esses técnicos, durante a guerra, foram obrigados a permanecer no Paraguai e eles trabalharam infatigavelmente para fazer todas as armas paraguaias. Há muitos testemunhos de estrangeiros sobre isso. Neste caso, recomendo a leitura do livro de Thompson, um engenheiro civil inglês que chegou ao Paraguai nos anos 1850 e, na guerra, foi coronel do exército paraguaio. Ele relata em seu livro que *"todas as armas feitas no Paraguai durante a guerra foram o trabalho de engenheiros britânicos"*, e também diz que o telégrafo e a fábrica de papel foram o trabalho de técnicos alemães.

Caio: Ah, Imperador, por favor, agora conta sobre as batalhas, conta...

D. Pedro: Calma aí, rapaz! Vocês, jovens, entusiasmam-se com as guerras, mas a guerra é uma coisa horrorosa, não se deve ficar entusiasmado com ela. Vocês pensam que a guerra é feita de bravura e heroísmo, todavia é feita de irresponsabilidade e estupidez, de muita crueldade, matança e sofrimento da população civil.

Koseritz: Os jovens vão para a guerra sonhando com glórias e heroísmo e, em vez disso, encontram sofrimento e destruição. É como aquele pensamento do padre Antonio Vieira:

"É a guerra aquele monstro que se sustenta das fazendas, do sangue, das vidas e que, quanto mais come e consome, tanto menos se farta".

D. Pedro: Koseritz, essa foi uma excelente reflexão sobre o que verdadeiramente é uma guerra! Caio, sobre as batalhas, elas foram muitas, com muita crueldade, mas também com sacrifício e heroísmo de ambas as partes. É preciso reconhecer que o exército paraguaio, defendendo o território de sua pátria, combateu com a maior valentia possível.

Carolina: Então, Vossa Majestade, por que não aceitou fazer negociações diplomáticas para terminar com a guerra. Teria evitado tantas mortes e a miséria daquela gente sofrida.

D. Pedro: Aceitei sim. Em duas ocasiões, representantes dos os Estados Unidos e da Grã-Bretanha tentaram intermediar negociações. Mas o problema é que não aceitávamos a permanência de Solano Lopez no Paraguai, ele teria que ir para o exílio, e as tentativas de negociação sempre esbarravam nesse ponto. Queríamos uma paz definitiva para a região, e o Sul do continente nunca teria uma paz confiável enquanto Solano Lopez estivesse por lá.

Caio: Majestade, durante a guerra houve críticas contra os aliados por parte da comunidade internacional?

D. Pedro: Recebemos críticas do mundo inteiro. Mas o que eles queriam? Que perdoássemos aquele que nos invadira? Quando o governo de um país manda seu exército invadir outros, o mínimo que se pode esperar é que os vencedores exijam outro governo no agressor derrotado e que se definam as fronteiras de uma vez por todas. E os Estados Unidos e a Europa por acaso são exemplo de magnanimidade nesse campo? O que os Estados Unidos fizeram com o México? E a Grã-Bretanha na Índia e na China? E os países mais fortes da Europa? Sempre em guerra uns com os outros, tomando territórios dos vencidos e fazendo desaparecer as nações menores. Se o Brasil agisse como os Estados Unidos ou como os países fortes da Europa, pode ter a certeza de que o Paraguai não existiria mais como nação e todo o seu território teria sido absorvido. Saiba que houve diversas sugestões, ao final da guerra, para que o Brasil incorporasse o Paraguai ou o dividisse com a Argentina, mas o governo brasileiro se manteve firme em assegurar a existência do Paraguai.

Caio: Majestade, conheço gente que insiste em dizer que Solano López foi herói por combater até o fim e que as últimas batalhas foram crimes dos aliados contra a humanidade. Isso é verdade?

D. Pedro: Em um exército invasor sempre há grupos que cometem crueldades, por mais que seu comando tente inibir e aplicar castigos. Eu sei que houve o saque da capital Assunção, mas ela estava deserta, e que grupos isolados de soldados aliados cometeram maldades. Mas nesta guerra, o que chama a atenção é a crueldade absoluta aplicada contra o seu próprio povo pelo líder. As batalhas de dezembro de 1868 foram uma carnificina em que morreram mais de 20 mil soldados paraguaios, desnecessariamente, pois a guerra já estava completamente perdida depois que caíra a fortaleza de Humaitá. Para um comandante com um mínimo de bom senso e respeito pela vida de seus soldados o correto naquele momento seria a rendição. Mais chocantes ainda foram as batalhas de Campo Grande, que eles chamam de Acosta Ñú, e de Peribebuí, em 1869. Em Campo Grande, entre os cinco mil paraguaios armados havia três mil e quinhentos adolescentes. Colocaram barbas postiças neles e mandaram-nos enfrentar o exército inimigo. Para quê? Para que Solano Lopez pudesse escapar? Morreram 2.000 paraguaios, 1.500 foram feitos prisioneiros e o restante fugiu. Em Peribebuí, o conde D'Eu ofereceu ao comandante paraguaio que deixasse as mulheres e crianças partirem em paz, o que foi prontamente recusado pelo fanático comandante. Não há crueldade e fanatismo maior do que armar e enviar adolescentes para a batalha e recusar a salvação de mulheres e crianças. Considerar isso um heroísmo e simplesmente atribuir a crueldade ao outro lado é fruto de um raciocínio completamente distorcido, um atentado à inteligência, à lógica mais elementar! Isso é cultuar o fanatismo e a tirania!

Foi a primeira vez que o imperador pareceu perder a calma. Após seu discurso inflamado, veio um silêncio... Por um momento todos ficaram sem saber o que fazer. O soberano se levantou, respirou fundo e continuou.

D. Pedro: O Paraguai já estava derrotado e os aliados naquele momento somente queriam prender ou expulsar Solano Lopez. Não havia necessidade de sacrificar o seu povo em uma resistência sem sentido. À medida que o exército aliado avançava, Solano Lopez mandava destruir tudo e evacuava o povo das cidades e dos sítios e os obrigava a segui-lo em direção ao interior. Calcula-se que apenas nesses meses morreram por volta de 100 mil pessoas, a metade das mortes paraguaias na guerra, a maioria civis morrendo de fome, doença e exaustão devido à marcha forçada. Ele chegou ao ponto de ordenar que todos aqueles que fossem pegos fugindo daquela loucura, ou que não tivessem forças para continuar, fossem imediatamente lanceados, e assim foram encontrados milhares de corpos. Desgraçadamente há relatos de atrocidades no final da guerra também cometidas por grupos de soldados do exército aliado, o que é uma coisa vergonhosa, mas esse exército também salvou milhares de pessoas doentes e famintas. Os brasileiros fizeram a linha de trem funcionar novamente e transportaram até Assunção dezenas de milhares de pessoas maltrapilhas e famintas que estavam vagando e morrendo pelo interior do país. Já as atrocidades cometidas por Solano Lopez contra seu próprio povo são incompreensíveis. Em 1868, logo depois da queda da fortaleza de Humaitá, Solano Lopez ficou completamente insano. Em sua loucura, ele acusou de conspiração e mandou fuzilar centenas de pessoas, até gente da sua própria família, e expulsou diplomatas que eram amigos do Paraguai e tentavam gestões para uma saída negociada de forma a acabar com o sofrimento do povo. Fuzilou dois diplomatas portugueses, centenas de cidadãos estrangeiros e paraguaios, muitos heróis de guerra paraguaios e seu próprio irmão, Benigno, além de matar de fome o outro, Venâncio, e prendeu e maltratou sua mãe e mandou torturar suas duas irmãs.

Koseritz: Há registros dessas prisões e fuzilamentos?

D. Pedro: Sim, há diversos relatos dessas crueldades, inclusive por parte de estrangeiros que viveram no Paraguai durante a guerra, como o inglês George Thompson e o alemão von Versen.

Koseritz: Majestade, houve certa ocasião, após a guerra, na qual apareceu uma matéria muito estranha acusando o duque de Caxias de ter lançado cadáveres de coléricos no Rio Paraná durante a guerra, em 1867, com o objetivo de contaminar as populações ribeirinhas das províncias argentinas de Corrientes, Entre Rios e Santa Fé. Isso não parece ter o menor sentido, mas, afinal, de onde surgiu essa matéria?

D. Pedro: Essa matéria dizia que a acusação fora tirada de um despacho de Caxias para mim, e que no despacho Caxias declarara que o presidente Mitre estava de acordo porque isso mataria seus opositores naquelas províncias. Há erros evidentes e infantis nesse pretenso despacho, como o fato de que Caxias não despachava para mim, mas sim para o ministro da guerra, e também o título de Caxias, que aparecia como duque, título que ele somente conseguiu após a guerra. Assim, o documento teria sido escrito ao terminar a guerra, no norte da Argentina, por radicais opositores do ex-presidente Mitre, com o objetivo de colocar a região contra o partido de Mitre. O pretenso despacho era, na realidade, um vulgar panfleto de propaganda política, sem firma, forjado como se o autor fosse Caxias. Além desse tipo de atitude não condizer com a conduta de Caxias, jamais um comandante aliado iria soltar cadáveres coléricos no rio, que corre em direção ao mar, portanto, para fora do território paraguaio, para fazer a loucura de contaminar as populações do norte da aliada Argentina, se é que teriam ideia da forma de contágio do cólera naquela época, e jamais Mitre, o presidente argentino, concordaria com uma atitude que arriscaria contaminar também a capital do seu país, Buenos Aires, pois o rio desemboca no Prata.

Caio: Imperador, afinal, essa guerra teve algum sentido para o Brasil?

D. Pedro: Essa foi uma guerra sem sentido para o Brasil, pois não tínhamos conflitos realmente sérios com o Paraguai, apenas questões ligadas à navegação no rio Paraguai no caminho para a província de Mato Grosso, e uma faixa de fronteira nessa mesma província que o Paraguai não reconhecia como brasileira, mas que já ocupávamos há muito tempo. No final, essas questões poderiam ter sido resolvidas em negociações diplomáticas entre os países. O grande litígio de fronteiras do Paraguai, assim como a ameaça histórica de anexação, era com a Argentina.

Koseritz: Não sei por que esse interesse em terras, afinal, esses países tinham terra de sobra, que mal conseguiam ocupar.

D. Pedro: Para Solano Lopez, a guerra também tinha o sentido de levar seu país a ter forte influência nas questões da bacia do Prata. Mas ela perdeu completamente o sentido para o Paraguai após a sua fragorosa derrota na batalha naval do Riachuelo no primeiro ano de guerra, o que o obrigou a recuar seu exército dos territórios invadidos, ficando cercado e sem comunicações com o exterior. A guerra foi uma armadilha do destino, mas serviu de lição, agora, temos a obrigação de nunca mais cair em novos ardis permitindo a repetição do que foi um desastre para todos. Agora, só nos resta venerar aqueles que lutaram e tombaram heroicamente nos campos de batalha, paraguaios e aliados.

Koseritz: A destruição foi imensa. Para piorar a situação do povo, soube que o Paraguai está perdendo a grande herança dos trinta anos de governo do seu primeiro ditador, Gaspar de Francia. São as estâncias da pátria, aquele sistema de organização da produção agrícola baseado na exploração de terras públicas pela população guarani. Acho que esse sistema não é eficiente do ponto de vista de produção, pois é basicamente uma agricultura de subsistência, que não desenvolve o mercado interno, ao contrário do sistema de pequenas propriedades, mas, no Paraguai, ele cumpria uma função fundamental, que era a de garantir ocupação e alimentação à população.

D. Pedro: De fato, esse sistema entrou em colapso. Como as famílias guaranis camponesas nunca tiveram títulos de propriedade e o governo atual do Paraguai diz que precisa gerar recursos, essas terras públicas têm sido vendidas a latifundiários estrangeiros, a rancheiros de origem espanhola e a espertos políticos locais, deixando os camponeses sem nada.

Koseritz: Isso tudo é muito triste e creio que essa situação acabou por jogar na miséria as massas camponesas desta e das próximas gerações.

Caio: Bom, acho que, pelo menos, depois de tudo isso, não haverá mais guerra, e podem acreditar, os países ainda vão ser amigos.

D. Pedro: A paz tão sonhada realmente aconteceu, pois a guerra do Paraguai foi o último conflito envolvendo as nações da região. Mas, para serem verdadeiramente amigos, é preciso facilitar o comércio e o trânsito das pessoas da região em uma verdadeira comunidade de nações. Vocês, jovens, ainda vão ver isso acontecer!

18. Escravidão

Dois empregados entraram e cumprimentaram o imperador e, em seguida, os convidados. Sob os olhos pasmos do encarregado da retirada da bandeja, Caio e Carolina estavam a correr empurrados pela iniciativa de limpar e juntar os pratos e xícaras espalhados no recinto. Sem entender tamanha cordialidade, o empregado deu um leve sorriso sincero e retirou-se. D. Pedro recebeu das mãos do encarregado da correspondência real uma carta em um envelope com escrita bonita e inclinada e ficou visivelmente contente. Abriu com vontade usando seu cortador, mas as vorazes mãos deixaram o envelope dilacerado. Os olhos corriam cheios de vida pelas palavras, mas, aos poucos, as últimas linhas foram retirando os traços de felicidade e, devagar, a mão pesada foi cobrindo o rosto curvado e abatido. O imperador levantou-se e caminhou até uma mesa. Ali, depois de aspirar o leve perfume exalado do papel, depositou com cuidado a carta misteriosa em um pequeno prato e, no mesmo instante, queimou-a. A pequena chama atraía o olhar enigmático de todos, enquanto as mãos do monarca apressavam a total destruição do segredo. Por um instante, o imperador ficou apático.

Carolina: Algum problema, Vossa Majestade?

D. Pedro: O quê? Não, não. Está tudo bem.

Carolina: Vossa Majestade quer descansar?

D. Pedro: De modo algum! Eu estou apreciando muito a boa companhia. Este é daqueles momentos que esqueço o quanto minha pessoa é exigida. Se existe alguém que seja escravo de seus deveres este alguém é o seu imperador.

Koseritz: Escravo? Vossa Majestade, escravidão é algo que me aflige muito. No meu jornal, faço o possível para combater e motivar a opinião pública contra esse nefasto sistema. É uma vergonha quando a gente compara o nosso país com as antigas colônias espanholas, que trataram de abolir a escravidão logo que ficaram independentes, já no início do século. Até os Estados Unidos acabaram de vez com a escravidão. Desgraçadamente, na América, apenas o Brasil insiste em continuar a ter escravos.

Carolina:

"Era um sonho dantesco... o tombadilho
Que das luzernas avermelha o brilho.
Em sangue a se banhar.
Tinir de ferros... estalar de açoite...
Legiões de homens negros como a noite,
Horrendos a dançar...
Negras mulheres, suspendendo às tetas
Magras crianças, cujas bocas pretas
Regam o sangue das mães:
Outras moças, mas nuas e espantadas,
No turbilhão de espectros arrastadas,
Em ânsia e mágoa vãs!
E ri-se a orquestra irônica, estridente...
E da ronda fantástica a serpente
Faz doudas espirais ...
Se o velho arqueja, se no chão resvala,
Ouvem-se gritos... o chicote estala.
E voam mais e mais...
Presa nos elos de uma só cadeia,
A multidão faminta cambaleia,
E chora e dança ali!
Um de raiva delira, outro enlouquece,
Outro, que martírios embrutece,
Cantando, geme e ri!
No entanto o capitão manda a manobra,
E após fitando o céu que se desdobra,
Tão puro sobre o mar,
Diz do fumo entre os densos nevoeiros:
"Vibrai rijo o chicote, marinheiros!

Fazei-os mais dançar!..."
E ri-se a orquestra irônica, estridente...
E da ronda fantástica a serpente
Faz doudas espirais...
Qual um sonho dantesco as sombras voam!...
Gritos, ais, maldições, preces ressoam!
E ri-se Satanás!".

Caio: O que é isso? Foi você quem escreveu?

Carolina: Quem me dera. Isso faz parte de uma obra de Castro Alves. Eu sempre a achei muito intensa.

Koseritz: Não conheço nada mais intenso para mostrar o terror que era o tráfico de escravos da África para a América.

Caio: Imperador, quantos africanos foram escravizados aqui no Brasil e no mundo?

D. Pedro: Para as Américas foram registrados cerca de doze milhões de escravos ao longo de três séculos, incluindo-se cerca de quatro a cinco milhões para o Brasil, sem contar aqueles que morreram na travessia do oceano ou resistindo à captura na África.

Carolina: Meu Deus! Como pode ser um número tão alto?

D.Pedro: Infelizmente a escravidão era comum em muitas regiões da África. Quando os primeiros europeus chegaram à África, a escravidão já era praticada por séculos sobre os negros africanos pelos muçulmanos. Na verdade, já era intensamente praticada pelos negros contra negros, embora, neste caso, mais concentrada na escravização de mulheres e crianças. Estima-se que para cada pessoa vendida para as Américas e para o mundo muçulmano, duas eram escravizadas e permaneciam dentro da África negra.

Caio: Os africanos lutaram contra os europeus que invadiam seus lares e escravizavam sua gente?

D. Pedro: Não! Não havia luta contra os europeus, pois eles não precisavam entrar território adentro para a captura, eram os próprios africanos que vendiam outros africanos aos comerciantes europeus no litoral da África. Era tudo uma questão de comércio, seres humanos eram "mercadoria". E se tentassem ir ao interior, os europeus seriam mortos, pois os reis africanos não permitiam que os europeus fossem ao interior buscar escravos e outras "mercadorias", tudo tinha que passar por intermediários africanos. E assim, muitos reinos africanos ficaram com suas economias dependentes do comércio de escravos.

Caio: Que vergonha!

Koseritz: Não é assim. Infelizmente isso faz parte da natureza humana. Em algum momento da História todas as civilizações passaram por isso. Antes do cristianismo era comum a escravidão na Europa. Podemos dizer que todos nós descendemos de escravos e não há vergonha nenhuma nisso. Talvez a África tenha sofrido mais porque ela ainda vivia com o sistema da escravidão quando as armas de fogo apareceram. O poder das armas de fogo aumentou muito as guerras internas e os vencidos eram escravizados.

Caio: Por que os europeus não iam ao interior se eles tinham uma tremenda superioridade em armas para conquistar toda a África?

Koseritz: Ah, isso eu explico. Meu jovem, somente a partir da metade do século XIX os europeus conseguiram uma enorme superioridade para se embrenharem pelo interior da África submetendo os reinos africanos. Antes as armas eram carregadas pela boca, tinham que primeiro colocar a bucha, depois a pólvora e, por último, a bala. Isso dava tempo suficiente para os africanos mandarem um monte de lanças e flechas, que podiam ser envenenadas. Com essas armas os europeus precisariam de grandes contingentes para dominar os reinos africanos, pois enquanto uma fileira de soldados atira, outras fileiras estão carregando seus rifles. Isso mudou quando inventaram os rifles com ferrolho e os de repetição e, ainda mais, com a temível metralhadora, agora, na segunda metade deste século XIX. Aí sim, os europeus foram para o interior e dominaram todos os reinos, porém numa época na qual já não existia o tráfico de escravos da África para a América.

D. Pedro: Havia outras barreiras à entrada dos europeus. Eles não tinham resistência às doenças tropicais, como parasitas intestinais, esquistossomose, doença do sono, malária e febre amarela. Também tinham medo da varíola, que é originária da Ásia, mas que ressurgia e se espalhava pela África de uma maneira espantosa. Enfim, com as armas, as vacinas e remédios que foram desenvolvidos nas últimas décadas, hoje os europeus estão dominando praticamente todo o interior da África.

Caio: Imperador, como foi a escravidão em outras regiões do mundo?

D. Pedro: Do outro lado do mundo, no extremo oriente, não temos ideia da dimensão que possa ter atingido a escravidão, mas sabemos que foi e ainda é muito praticada. Mas, para as regiões mulçumanas na Ásia e na África do Norte estima-se que tenham sido escravizadas várias dezenas de milhões de africanos negros não mulçumanos, porém em um espaço de tempo maior, ao longo de uns mil anos. O maior problema com a escravização para a América é que ela foi concentrada em um espaço de tempo menor, em apenas três séculos, da metade do século XVI, passando pelos séculos XVII e XVIII, e terminando na metade do século XIX. O pior é que mais da metade ocorreu no século XVIII, imaginem a devastação da África! Dizem que, ao final do século XVIII, em certas regiões, podia-se andar muitos dias sem encontrar uma única aldeia.

Caio: E ainda existe tráfico de escravos em outras regiões?

D. Pedro: Sim, o tráfico de escravos continua muito ativo na África e na Ásia, com milhões de pessoas submetidas à escravidão.

Caio: É... todo um sistema de exploração do homem. Pelo jeito somente os próprios escravos foram os inocentes nessa história.

D. Pedro: Sim, Caio, e a África sangrou de todas as maneiras e em todas as rotas possíveis. Foi pelo Sahara, Mar Vermelho, portos nos oceanos Índico e Atlântico.

Caio: Por que, imperador, não conseguimos extinguir a escravidão, essa coisa maldita, no Brasil?

D. Pedro: O problema, Caio, até há pouco tempo, não se devia somente aos políticos escravocratas donos de terra. Era uma coisa muito mais ampla, enraizada na sociedade brasileira. Felizmente, a sociedade brasileira está evoluindo tanto que hoje existem muito menos escravos e há uma enorme pressão da opinião pública para acabar de vez com essa maldição. E como a opinião pública é forte nesta década! Mas se retornarmos uns quarenta anos, no início de meu reinado, a situação era bem diferente. A escravidão era tão arraigada na sociedade que poucos brasileiros eram contra ela e era muito fácil ter escravos. Não somente os fazendeiros eram donos de escravos, mas também as famílias nas cidades, as igrejas, e até mesmo ex-escravos... Uma situação verdadeiramente absurda!

Caio: Mas, aqui, um imperador não tem o poder de acabar de vez com a escravidão?

D. Pedro: Eu não tenho esse poder, isso depende do Parlamento. Se dependesse somente de mim, eu teria libertado todos os escravos do país logo no início do meu reinado. Já no primeiro ano, libertei os escravos da corte. Sempre critiquei a escravidão e sempre disse que ela é uma terrível maldição sobre qualquer nação, mas que irá desaparecer entre nós. Não poderia mudar radicalmente essa situação, as leis devem ser aprovadas no Parlamento e, depois, devem ser cumpridas.

Koseritz: Infelizmente, no nosso caso, as mudanças ocorrem aos poucos.

D. Pedro: Sim, foi aos poucos que fui conseguindo aprovar leis que reduziam a escravidão, tais como a lei que proibia o tráfico negreiro, a Lei do Ventre Livre e, agora, a Lei do Sexagenário. Ah, vocês não sabem a luta que foi para aprovar as duas primeiras leis! A Lei do Ventre Livre teve uma feroz oposição no parlamento. Diziam que eu estava louco ao propor essa lei porque ela quebraria a economia do país. Houve até um senador com o qual eu discuti muito, o famoso escritor José de Alencar, que justificava a escravidão com o argumento de que fazia parte de um processo civilizatório dos negros.

Koseritz: Era muito triste ver a nossa Constituição com seus avançados direitos fundamentais dos cidadãos não reconhecer absolutamente nenhum direito aos escravos.

Caio: Isso é um absurdo! Aqui, no Brasil, esse tipo de coisa parece para lá de estranho quando se vê que na população quase todos têm sangue negro.

Koseritz: Sim, é uma situação paradoxal. Aqui é diferente dos Estados Unidos, em que os imigrantes chegaram com suas famílias para colonizar o país e não se misturaram com os negros e índios. Aqui, os portugueses chegavam sem família e acabavam se misturando e casando com índias, escravas e ex-escravas.

Carolina: E dessa mistura nasceram brasileiros notáveis como Machado de Assis, Cruz e Souza, Chiquinha Gonzaga, André Rebouças, José do Patrocínio, Luís Gama e tantos outros.

D. Pedro: Essa situação gerou, no Brasil, um sistema escravista diferente dos outros países, pois, se por um lado, esse sistema, aqui, tem sido mais longo, por outro lado, tem sido muito mais tolerante, tal que a maior parte da população de origem africana de alguma forma ia adquirindo a liberdade.

Caio: Imperador, o que o seu pai pensava sobre a escravidão?

D. Pedro: Meu pai era contra a escravidão, creio que até por razões econômicas. Soube que ele tentava explicar aos fazendeiros que, no fim das contas, ficava mais caro ter um escravo do que empregar um homem livre, pois um escravo deveria ser tratado no caso de doença, alimentado na entressafra e vigiado por feitores assalariados. Explicava que um homem livre não tinha esses custos e seria mais produtivo e faria um trabalho de melhor qualidade. Como os brasileiros livres não aceitavam trabalhar no campo, e o país estava sempre precisando de mais mão-de-obra, já dizia o meu pai, naquela época, que a solução seria a importação de mão de obra livre, de colonos que aqui chegassem com suas famílias. Ah! Mas o pessoal alegava que os colonos europeus não se adaptariam ao trabalho nos trópicos, o que já se provou que não é verdade.

Koseritz: O custo do escravo parecia barato, mas, na realidade, era alto por causa dos períodos de entressafra. O escravo era um capital imobilizado, como uma máquina, só que precisava ser alimentado e mantido, senão o fazendeiro perdia o "investimento". Os lucros da indústria escravista são grandes, porém menores que os da indústria capitalista, baseada em homens livres. Na escravista, o custo da força de trabalho começa a ser absorvido antes; na outra, o custo é absorvido depois que o trabalho é feito. O escravo tem de ser obrigado a produzir, enquanto o homem livre trabalha por um salário e pode ser despedido a qualquer momento, mesmo se o seu trabalho for excelente, porque o processo de trabalho pode ser racionalizado e assim demandar menos mão-de-obra.

Caio: Os trabalhadores são substituídos por máquinas. Agora, vejo como esse problema é antigo...

Koseritz: Sim, foram fabricadas máquinas para serem operadas por poucos trabalhadores que produzem muito mais do que dezenas de operários no sistema antigo. É isso mesmo, Caio. Um fazendeiro não libera seus escravos para reduzir custos, ele os vê como o seu capital e entende que perderia dinheiro se os liberasse. Esse problema não existe com os trabalhadores livres e assalariados.

Caio: Restam muitos escravos ainda?

D. Pedro: Creio que uns 700.00. Há um século, talvez a metade ou mais da população era composta de escravos. No censo de 1872 esse percentual já tinha baixado para 15%, este ano deve ter caído para pouco mais de 5%. São as províncias do Rio de Janeiro e São Paulo que ainda insistem em ter escravos em grande número para as fazendas de café

Caio: Então, a sociedade mudou de verdade?

D. Pedro: Sim. Ela finalmente está mobilizada em prol do abolicionismo. Inúmeras agremiações foram criadas em todo o Brasil. Inúmeras publicações abolicionistas, com representantes de todos os segmentos da sociedade estão trabalhando ativamente, fazendo pressão ou convencendo os donos de escravos a libertarem, ou arrecadando fundos para pagar cartas de alforria.

Carolina: Mas também milhares de escravos estão escapando das fazendas e sendo ajudados pela gente das cidades, um movimento maravilhoso, que entusiasma e mobiliza a sociedade de uma forma como nunca se viu neste país.

Koseritz: Do pobre ao rico, da dona de casa e do estudante ao profissional... Todos querem a abolição, com exceção dos fazendeiros, que ainda são o cabresto do Parlamento.

Koseritz: Uma coisa que pouca gente sabe e que eu creio ser necessário acrescentar é que a Lei do Ventre Livre foi além de assegurar a liberdade dos nascidos após a sua publicação. Ela também deu direitos aos escravos, alterando significativamente sua condição.

D. Pedro: Bem-lembrado, Koseritz! A Lei do Ventre Livre mudou bastante a situação dos escravos. Depois da lei, passou-se a reconhecer as famílias de escravos, assim eles não podiam mais ser separados no caso de venda, bem como adquiriram o direito à posse de bens materiais. A lei criou facilidades para que eles pudessem fazer um pecúlio de forma a comprar a liberdade e também criou várias obrigações para os senhores de escravos, como a de alimentar e tratar os velhos e os inválidos. Eu gosto muito do artigo 7º, o qual estabelece que, nas causas em favor da liberdade, o processo será sumário e haverá apelações *ex officio* quando as decisões forem contrárias à liberdade.

Caio: Imperador, por que aqui no Brasil os libertos não conseguem emprego como nos Estados Unidos?

D. Pedro: Nos Estados Unidos há muitas oportunidades de emprego por ser um país que tem se desenvolvido muito, sempre abrindo novas indústrias e ampliando as existentes.

Koseritz: Pode ser, mas uma coisa lá não muda: a intensa e agressiva discriminação contra os negros!

D. Pedro: É verdade, esse é o lado triste daquele país. Eles fazem uma discriminação extremamente agressiva contra os negros, que eles estranhamente chamam de *coloured*. E, para eles, qualquer um que tenha mistura com o negro, mesmo que tenha a pele clara, também é considerado *coloured* e vai ser discriminado da mesma forma. Não admitem em hipótese alguma que os negros possam se misturar com os brancos e muitos de seus estados têm leis severas contra isso, proibindo casamentos inter-raciais, separando as escolas para negros e brancos, reservando locais para negros nos transportes públicos, para que não viajem ao lado de brancos, e proibindo a entrada de negros em diversos locais frequentados por brancos. Enfim, os negros são segregados de maneiras inimagináveis.

Koseritz: Ouvi relatos de que lá a coisa é tão terrível que há grupos que matam aqueles que não obedecem às leis de segregação.

D. Pedro: Em 1873, nosso grande engenheiro André Rebouças, notável brasileiro de pele negra e que partilha da mais profunda amizade com a família imperial, estava de visita a Nova Iorque e sentiu na carne o racismo violento dos Estados Unidos, e logo naquela que seria a cidade mais progressista e liberal. Nessa cidade, nenhum hotel quis hospedá-lo, e Rebouças acabou sendo salvo por um amigo que lhe conseguiu um quarto nos fundos de um pequeno hotel. E os desgraçados desse hotel ainda lhe impuseram uma sórdida condição: teria que entrar sempre pela porta de serviço e fazer suas refeições dentro do quarto, pois o refeitório era só para brancos, assim como os restaurantes da cidade. Rebouças foi também impedido de assistir ao espetáculo no Grand Opera House devido à cor de sua pele. Imagine o choque para alguém que era extremamente respeitado em seu país, que era amicíssimo do conde D'Eu e da princesa Isabel, e estava acostumado a jantar com eles no palácio imperial.

Carolina: Meu Deus! Que terrível exemplo do que é racismo. Não adianta o sujeito ser o mais nobre dos homens, o mais preparado, pois ele continua a ser discriminado só por causa da cor de sua pele.

Caio: Olha, acho que tudo isso vai mudar. A situação dos negros nos Estados Unidos vai melhorar tanto que, dentro de... de pouco mais de um século, eles terão seu primeiro presidente negro.

Koseritz: Bah! Esse meu assistente endoidou de vez! Nos Estados Unidos? Duvido! Nem a pena de Assis conseguiu escrever algo tão inusitado em seu "O Alienista".

Caio: Bom, um dia o mundo vai ver... Agora, acho que aqui no Brasil, mesmo com o fim da escravidão, as condições de vida dos ex-escravos e dos seus descendentes não vai melhorar por um longo tempo.

Koseritz: Agora, fez uma previsão mais acertada. Sem formação escolar, sem possibilidade de emprego, sem terras para cultivar, assim abandonados à própria sorte, para a maioria deles a liberdade física não mudará sua condição subalterna. É preciso inserir o liberto na sociedade, dar-lhe educação pública, uma profissão, emprego, um pedaço de terra para cultivar, sem isso, pode-se dizer que a situação deles não mudou tanto, passam da escravidão para a semiescravidão.

D. Pedro: De minha parte, penso em continuar pressionando o Parlamento para a aprovação de uma lei que proíba a escravidão no país e liberte de vez os escravos que restam, mas sei que ela será incompleta se ficar só na libertação pura e simples, acredito que essa lei tem de ser acompanhada por uma reforma que distribua terras às populações pobres e deve ser votada com um amplo apoio. Para que os libertos possam começar uma vida nova, a abolição deveria prever alguma ajuda em dinheiro e medidas para integrá-los à sociedade brasileira.

Koseritz: Creio que Joaquim Nabuco está trabalhando nesse sentido...

D. Pedro: Nabuco! Outro grande brasileiro, da estirpe de José Bonifácio! Ele compreende muito bem esse problema. Por isso ele está propondo leis que têm um objetivo amplo, visando a reconstrução da sociedade brasileira, mas elas são rejeitadas pelos grupos que dominam o Parlamento.

Koseritz: Eu imagino. Soube que há alguns anos Nabuco até foi acusado de ser antipatriota pelos que defendiam a escravidão, pois denunciava os crimes da escravidão no exterior. Ele sempre acreditou que essa é uma maneira eficaz de pressionar as classes dominantes.

D. Pedro: Sei bem disto. Nabuco estava em Londres escrevendo seu notável ensaio "O Abolicionismo", no qual mostra a sua grande preocupação com o futuro do ex-escravo. De volta, agora ele tem feito inflamados discursos em que deixa bem claro suas convictas posições. Vejam este trecho que mostra bem a lucidez de Nabuco:

Haverá indiferença mais criminosa do que a indiferença com que a classe única que dirige os destinos deste país desde que ele se fundou tem assistido ao crescimento desamparado da nossa população, à promiscuidade de nosso povo, à miséria que se espalha por todo o país, à degradação dos nossos costumes, só se preocupando dos seus interesses de classe, de manter o jugo férreo dos seus monopólios desumanos e atentatórios da civilização universal?"

Caio: Nossa. Ele vai direto na goela do leão.

D. Pedro: Se gostou, então veja estes trechos:

"O período atual, porém, não é de conservação, é de reforma, tão extensa, tão larga e tão profunda que se possa chamar Revolução; de uma reforma que tire este povo do subterrâneo escuto da escravidão onde ele viveu sempre, e lhe faça ver a luz do século XIX. Sabeis que reforma é essa? É preciso dizê-lo com maior franqueza: é uma lei de abolição que seja também uma lei agrária. [...] Não há solução possível para o mal crônico e profundo do povo senão uma lei agrária que estabeleça a pequena propriedade, e que vos abra um futuro, a vós e vossos filhos, pela posse e pelo cultivo da terra."

Caio: Abolição com reforma agrária, incentivo à pequena propriedade, a indiferença da elite. Esse Nabuco é o cara!

D. Pedro: Sim, eu sei. Nabuco é um caríssimo intelectual. Vê com grande lucidez as nefastas consequências que a escravidão lança sobre o futuro do Brasil. A liberdade é o mais alto valor da civilização ocidental e o Brasil só poderá se afirmar como nação quando respeitar esse valor. Mas a situação mudou muito. O comportamento da sociedade brasileira com relação à escravidão mudou muito do início do meu governo até o momento atual. Eu sou otimista e acredito que aos poucos o Brasil vai se transformar na sociedade justa e progressista que merece ser. Bom, pelo menos, nesta década, a nação tem reagido, e a libertação de escravos e o incentivo à imigração já se tornaram realidades. Não é necessário o governo imperial e nosso complicado Parlamento para libertar os escravos, pois as províncias têm autonomia para isso. No ano passado, o Ceará foi a primeira província brasileira a abolir a escravidão, seguida da província do Amazonas e também de muitas cidades que já declararam extinta a escravidão, inclusive a sua gloriosa Porto Alegre, Koseritz.

Koseritz: Também creio que as transformações da sociedade vão acontecendo aos poucos, mas a influência desse nefasto sistema persistirá moldada no caráter do povo por muito tempo. Essa influência é tão forte que ainda hoje a sociedade brasileira trata mal os trabalhadores braçais, que são considerados socialmente inferiores. Uma coisa que eu estranhei quando vim para este país é que aqui os jovens com um mínimo de condição social já ficam muito mal acostumados e não fazem coisas básicas, pois não limpam a casa, não arrumam a cama e não lavam sua roupa, assim, já são mimados e estragados em casa. Na adolescência, eles não têm o menor interesse em trabalhar em algum emprego simples como fazem há gerações os adolescentes nos países mais avançados da Europa e nos Estados Unidos da América.

D. Pedro: Se trabalhassem cedo, logo, logo, eles aprenderiam a respeitar os trabalhadores e depois seriam adultos menos preguiçosos e mais empreendedores. Todos os trabalhadores são igualmente importantes, seja para varrer o chão ou projetar edificações, tudo é trabalho, todos os trabalhos são nobres, todos devem ser valorizados.

Caio: Droga! Eu me sinto mal. Agora, vou procurar ajudar mais lá em casa... Se é que algum dia vou voltar.

D. Pedro: Meus jovens, não sejam pessimistas. Infelizmente o fenômeno da escravidão faz parte da história humana, mas acredito que o mundo evolui sempre. No final vão prosperar os ideais iluministas propagados na revolução francesa, "*Liberté, Egalité et Fraternité*", para todos os homens.

Carolina: Ah, não! Agora, eu tenho uma questão: vocês falam "homens" representando a espécie humana, mas deveria ser "homens" literalmente. Parece que essa "Liberdade, Igualdade e Fraternidade" só vale para os homens.

Koseritz: Como? Minha filha, não entendi!

Carolina: Para as mulheres tudo continua como antes. Os senhores falaram muito de escravidão, todos concordaram que é um sistema infame, desumano, mas, e quanto às mulheres? A função reservada à mulher não é muito diferente da dos escravos.

Koseritz: Que absurdo, minha filha. Você está exagerando.

Carolina: Não estou não, meu pai. Quantas mulheres são submetidas a maus tratos por péssimos maridos, que se acham no direito de fazer isso, e nada acontece com eles. São poucas as mulheres que têm o direito de estudar, trabalhar fora, de seguir uma profissão, de ser independente. Isso não é escravidão?

Koseritz: Como assim? O que é isso? Você parece revoltada!

D. Pedro: Deixe, Koseritz. Creio que sua filha tem razão. As mulheres são injustiçadas, os homens acham que elas só servem para serem donas de casa e tomar conta dos filhos. Mas eu tenho o maior respeito pela capacidade intelectual da mulher. Conheci várias mulheres dotadas de grande cultura e inteligência. Tenho muito estima por uma delas e faço questão de manter correspondência, apesar de, às vezes, a amiga condessa queixar-se da minha política e de que eu não atuo com o rigor devido... Hoje já há mulheres formidáveis que estão rompendo barreiras, abrindo o caminho para as mulheres das próximas gerações. Sabem que já temos no Brasil uma mulher formada em medicina?

Carolina: Temos? Quem é ela? Ela é daqui?

D. Pedro: Ela se chama Maria Augusta Generoso Estrela e se formou não no nosso país, porque ainda era proibido, mas no *New York Medical College and Hospital for Women*, portanto uma faculdade exclusiva para mulheres.

Carolina: E ela é jovem?

D. Pedro: Ela tem uns 25 anos e é filha de um comerciante português. O mais incrível sobre ela é que tinha somente 16 anos quando começou a estudar no colégio de médicos, apesar de a idade mínima para a matrícula ser de 18 anos. Mas ela foi tão bem nos exames de admissão, que abriram uma exceção e a deixaram entrar. Mal começou a estudar medicina, pobrezinha, os negócios de seu pai foram à bancarrota e ela teria de abandonar os estudos. Mas aí...

Carolina: Mas aí? Majestade, não pare, por favor, conte-me tudo!

D. Pedro: Está bem, eu vou contar se você tiver um pouquinho mais de calma. Vejo que a jovem está desenvolvendo as suas ideias de continuar os estudos. Bom, eu não poderia deixar uma jovem admirável ser tão prejudicada pelas circunstâncias da vida. Por isso, concedi-lhe uma bolsa de estudos de 100$000 réis por mês para pagar a faculdade e uma quantia de 300$000 réis por ano para se manter nos Estados Unidos. Mas, coitada, naquele mesmo ano aconteceu uma tragédia em sua vida.

Caio: Puxa, o pai na bancarrota... O que poderia ser pior?

D. Pedro: O falecimento do seu pai. Coitada! Fizera planos com tanta alegria para que seu amado pai se orgulhasse dela. Ele era seu grande amigo e admirador, seu maior incentivador.

Carolina: Como ela ficou? O que fez?

D. Pedro: Essa jovem era uma lutadora, uma mulher de fibra. Ficou arrasada, sim, mas encontrou forças para continuar se dedicando aos estudos e concluiu o curso em 79. Com louvor! Ganhou uma medalha de ouro por ser a melhor aluna da turma, mas só recebeu o diploma em 81, porque tinha menos de 21 anos. Nesses dois anos de espera ela ficou trabalhando na área e, formada, ficou lá mais um ano em especialização. Depois, voltou ao Brasil e foi recebida efusivamente por seus compatriotas e por mim, em audiência no Palácio.

Carolina: A audiência! Por favor, conte-me como foi.

D. Pedro: Bom, ela queria agradecer-me pela ajuda e eu concedi a audiência. Que prazer foi conversar com aquela jovem determinada, culta e inteligente. Sabe que ela dominava quatro idiomas? Inglês, francês, espanhol e alemão! Conversamos muito sobre sua ideia de se estabelecer como médica aqui no Rio de Janeiro, atendendo preferencialmente mulheres e crianças. Foi uma das audiências mais agradáveis que eu já concedi. Aliás, ela era muito talentosa e bonita como você, jovem Carolina.

Ao ouvir o galanteio do imperador, Carolina ficou com as faces ruborizadas, mas logo se recompôs.

Carolina: Obrigada, Majestade. É tão bom saber que uma jovem teve chances.

D. Pedro: Certamente, pois, motivado pelo exemplo de Maria Augusta, comecei a meditar sobre a condição feminina no país e, superando o preconceito geral, coloquei o ensino superior, antes exclusivamente masculino, ao alcance da mulher. Em 79, por um decreto imperial, autorizei as mulheres a frequentarem cursos nas faculdades brasileiras e a obterem um título acadêmico.

Carolina: Majestade, agora só falta dar às mulheres o direito à participação na vida política. Infelizmente, os ideais democráticos dos grandes pensadores estão impregnados de conceitos que excluem a mulher de uma participação mais ativa na condução da sociedade. Não temos o direito mais elementar de exercer a cidadania que é o direito de votar. Creio que a luta pelo voto das mulheres será o primeiro passo a ser dado para que haja uma efetiva libertação das mulheres, para que nós tenhamos os mesmos direitos que os homens.

Koseritz: Bobagem, Carolina. As mulheres não precisam votar; já basta o homem representando a família.

Carolina: Ora, pai. Por que ainda somos vistas com desconfiança quando se trata de ser eleitora? Vivemos em uma era industrial, em que as mulheres também estudam e contribuem com os seus trabalhos nas fábricas, então por que não são devidamente valorizadas?

Carolina se entusiasmou e deixou todos espantados, inclusive Caio, que ficou admirado com a eloquência da amiga querida.

Carolina: As mulheres neste final de século já assumem postos de importância na sociedade. Já há mulheres como diretoras de escolas, já fazemos o trabalho de educação básica e, como Vossa Majestade mostrou, já há mulheres médicas, mas também existem mulheres advogadas e de outras profissões. As leis são, afinal, aplicáveis às mulheres, mas elas não são consultadas ou convidadas a participar de seu processo de elaboração. Temos de ter também representantes femininas no Parlamento. Como podem os homens saber tudo o que é necessário para as mulheres? Por isso, precisamos de legisladoras mulheres.

Koseritz: Mas, Carolina, isso sempre foi assim... e é assim hoje, no mundo todo, mesmo nos países mais desenvolvidos.

Carolina: Pois isso também vai mudar...

19. O Democrata Pedro de Alcântara

Koseritz: Agora, vamos falar de coisas mais suaves... Que tipo de homem é Vossa Majestade? Afinal, quem é Pedro de Alcântara?

D. Pedro: Sou um homem de hábitos simples, que não gosta de luxo e pompa. Sinto-me mais à vontade em Petrópolis. Aqui, eu me sinto livre e passeio pela cidade como um cidadão comum e converso com qualquer pessoa que encontro pela rua. Não me sinto confortável nesta posição de imperador, pois o poder não me atrai, mas amo demais a minha pátria e assim sinto como um dever procurar exercer a minha função de monarca constitucional da melhor forma que puder. Uma vez escrevi: "*Nasci para consagrar-me às letras e às ciências, e, a ocupar posição política, preferia a de presidente ou ministro à de imperador*". O que eu gosto mesmo é de estudar, de ganhar novos conhecimentos e saber dos novos desenvolvimentos da ciência. Sabe a profissão na qual eu me sentiria mais à vontade? A de professor! Não conheço missão maior e mais nobre que a de dirigir as inteligências jovens e preparar os homens do futuro.

Koseritz: E como se define como governante?

D. Pedro: Sou um monarca que respeita a Constituição. Cumpro as leis, sou amigo da paz, da concórdia, do diálogo e defendo as liberdades democráticas. Acredito no equilíbrio de forças em todas as esferas do poder. Sabem o que eu mais detesto no poder? Detesto o caudilhismo desenfreado que varreu nossos vizinhos da América do Sul. Sempre lutei contra o despotismo. Muitas vezes, nomeei inimigos pessoais e republicanos para ocupar ministérios ou apoiei suas indicações para a direção de órgãos públicos. Compreendi que é muito importante para o progresso da nação reconhecer o mérito dessas pessoas, e não levar as escolhas na gestão pública para o lado pessoal. Jamais concordei com a indicação de quem quer que fosse que não tivesse as qualificações para o cargo, tanto em conhecimento teórico como em experiência na área em questão.

Koseritz: Vossa Majestade, nosso sistema político é uma monarquia parlamentarista, devido às modificações feitas em 1847, quando se criou o cargo de presidente do Conselho de Ministros. Creio que este sistema democrático tem funcionado razoavelmente bem, dando-nos estabilidade política. Qual o segredo?

D. Pedro: A alternância no poder! Os dois partidos, o Liberal e o Conservador, alternaram-se no poder, porém em uma briga permanente e intensa entre os dois, sempre um tentando derrubar o outro pela imprensa ou nos intermináveis debates no Parlamento. Quando a situação ficava insustentável, eu tinha de intervir e formava-se um novo gabinete, assim garantindo a estabilidade política da nação. Curioso, apesar das brigas constantes entre os partidários dos dois partidos, nunca houve diferenças profundas de princípios entre eles. Os liberais e os conservadores adotavam o mesmo posicionamento frente a questões essenciais.

Koseritz: Sim. Na questão da escravidão, por exemplo, ambos foram escravagistas; embora os liberais procurassem passar a imagem de serem mais interessados na abolição da escravidão, na prática foi o gabinete do partido conservador, comandado pelo notável visconde de Rio Branco, que passou a Lei do Ventre Livre. Rio Branco, um conservador, e o marquês de Paraná, um liberal, foram os melhores governantes do Brasil neste século, pois criaram diversas leis que incentivaram o progresso desta nação.

D. Pedro: As divergências reais entre os partidos diziam respeito à forma de organização administrativa, os conservadores defendendo a centralização administrativa, enquanto os liberais, a descentralização.

Koseritz: Entretanto é impressionante como eles brigam na imprensa. Vossa Majestade, a situação da imprensa não pode continuar como está, sem ser limitada a liberdade dos irresponsáveis.

D. Pedro: É estranha essa proposta vinda de um homem que dedicou mais de trinta anos ao jornalismo.

Koseritz: Sim, mas a honra da própria família imperial é todos os dias atassalhada!

D. Pedro: Mesmo assim, eu não acredito em repressão. Uma vez eu disse para Caxias e, desde então, sempre repito: "*A imprensa se combate com a imprensa*". A reação virá dela própria.

Koseritz: Tem razão!

D. Pedro: Koseritz, reafirmo que sou um defensor da liberdade de expressão, assim não me incomodo com essas questões sobre minha imagem política, pois mesmo sabendo que posso perder meu poder, ainda assim, acredito e respeito a maneira de pensar de cada um. O que espero é que a liberdade de expressão reine com o espírito de responsabilidade, e não de mãos dadas com a ignorância. Para isso, dou os meus próprios bens de bom grado para melhorar um pouco a instrução e a cultura nesse país. Quero ser responsável pelas fundações de um Brasil progressista e tolerante com todos os grupos étnicos, políticos e religiosos. Sei que muitos me criticam por não ter sido mais forte no uso do poder, mas eu fui criado para respeitar os valores e princípios democráticos, e se tiver passado à nação um pouco desses valores nos quais acredito, então, meu reinado terá valido a pena. Não quero ver violência e derramamento de sangue entre brasileiros. Estou aqui para garantir que a Constituição seja respeitada, estou acima dos interesses partidários, por isso, vivemos sob a mesma Constituição outorgada por meu pai.

Koseritz: Esta nossa Constituição de 1824 foi uma das primeiras do mundo a incluir em seu texto, no seu último artigo, com seus 35 incisos, um rol de direitos individuais muito avançados para a sua época. Mas ela não é verdadeiramente democrática, pois não assegura o direito a um lote de terra a todos os brasileiros e os direitos fundamentais do cidadão não se aplicam a grande parte do povo brasileiro, aqueles que não eram considerados cidadãos e que foram reduzidos à condição desumana de escravos.

D. Pedro: Lamentavelmente, meu pai brigou com os constituintes e limitou-os a um grupo de dez cidadãos, de sua inteira confiança, pertencentes ao Partido Português. Eles não queriam ir contra os interesses da aristocracia rural e dos comerciantes de escravos, assim, decidiram que a escravidão e o latifúndio não entrariam em pauta.

Caio: Vejo que a imprensa, muitas vezes, exagera nas críticas. Tem certeza de que não sente vontade de reprimir a imprensa?

D. Pedro: Rapaz, eu chego ao ponto de deixar circular jornais republicanos que defendem a queda da monarquia. Vários ministros já me aconselharam a intervir nesses jornais, e sabe o que eu respondo? Eu sempre digo:

"Se eu suprimir a liberdade de imprensa, quem é que vem me contar o que os ministros estão fazendo?".

Koseritz: Sou testemunha disso. Nunca haverá no Brasil um governante tão favorável à imprensa como D. Pedro II. E é também um pioneiro quando se trata da aplicação das grandes invenções!

D. Pedro: Obrigado, Koseritz! Minha visão do futuro está aí, são as grandes conquistas modernas que foram implantadas no país tão logo foram lançadas na Europa e nos Estados Unidos da América. São o telefone, o telégrafo, o cabo submarino para comunicações com a Europa, uma boa rede ferroviária, os estaleiros, a iluminação pública a gás e até mesmo o fornecimento público de energia elétrica, logo depois de Nova Iorque.

Koseritz: Vossa Majestade, embora não tenha apoio popular, há um movimento republicano atuante não só na imprensa, mas também entre os militares. Não vê aí um grande perigo?

D. Pedro: Estou ciente disso. Se um dia o povo brasileiro não me quiser mais, retiro-me e vou viver como um cidadão comum em Petrópolis, como Pedro de Alcântara.

Carolina: Vossa Majestade, eu tenho uma curiosidade. Afinal, quanto custa manter a monarquia?

D. Pedro: Menos do que muitas pequenas repúblicas custam a seus países. A monarquia custa apenas 800 contos de réis por ano. Mantenho um livro-caixa no salão de entrada do palácio, onde qualquer um pode verificar os gastos. Representava 3% do orçamento nacional no início do meu reinado. Décadas depois, continua nos mesmos 800 contos e representa agora apenas 0,5% do orçamento. O parlamento, várias vezes, sugeriu aumentar a verba da monarquia, e eu sempre recusei. Na guerra do Paraguai, cortei 25% da verba de forma a ajudar no esforço de guerra. Cortei cargos inúteis e usei a maior parte da minha verba para conceder inúmeras bolsas de estudo para brasileiros que se destacaram, muitas delas para o exterior, e para doações a vários programas de ajuda aos pobres. Para as minhas viagens ao exterior, contraí empréstimos em casas bancárias, pois nunca aceitei nenhuma verba para essa finalidade.

Caio: Isso tudo é sensacional! É o primeiro governante que eu sei que não aumenta as despesas e usa a sua própria verba para ajudar os outros.

D. Pedro: Ah, para falar deste jeito é porque você gosta de livros de história tanto quanto eu, então, você consegue entender-me.

Caio: Posso dizer que minha curiosidade me levou a lugares e a tempos muito distantes.

D. Pedro: Que inveja que tenho de sua vida, mas a minha curiosidade também era insaciável, e ela, pelo menos, levou-me a saber tudo o que estava ao meu alcance sobre geografia e história e aprendi também a ler, falar e escrever fluentemente em português, latim, francês, alemão, inglês, italiano, espanhol, grego, árabe, hebraico, sânscrito, mandarim, provençal e tupi-guarani.

Caio: Demais! Mas por que quis aprender tantas línguas?

D. Pedro: Porque achei que desse jeito eu entenderia melhor os povos.

Caio: E o que pensa dos outros povos?

D. Pedro: Acredito na compreensão e tolerância entre os povos, independente de raça, cultura ou religião. Prego a conciliação entre cristãos, judeus e mulçumanos. Nas duas viagens que fiz ao exterior, como foi interessante ver como eles se espantavam ao verem que eu sabia falar a língua deles. No Egito, fui muito bem recebido e conversei fluentemente em árabe com os governantes e com o povo. Na Europa e nos Estados Unidos, fiz discursos em sinagogas em hebraico e que impressão isso causou entre os rabinos. Tenho excelentes relações com todos e sempre rejeitei as ideias racistas e a intolerância religiosa.

Koseritz: Vossa Majestade encantou tanto os ianques em sua viagem aos Estados Unidos, em 1876, com sua simplicidade e sabedoria, sua compreensão e tolerância, que houve até um jornal de lá, o *New York Herald*, que sugeriu seu nome para presidente dos Estados Unidos nas eleições seguintes. Disseram que tinha princípios republicanos mais firmes do que os dos demais políticos daquela grande república.

Caio: Uau! Então, você não pode reclamar da sua vida. Não de que ficou sozinho. Acabou por fazer amigos no mundo inteiro.

Carolina: E vejo que Caio se tornou um deles.

D. Pedro: Um grande amigo que impediu a queda de vosso imperador.

Koseritz: Bem, agora, que finalmente consegui fazer a entrevista e que pude constatar pessoalmente suas obras e preocupações, reconheço que Vossa Majestade demonstrou uma generosidade sem igual e merece o meu pedido de desculpas, caso alguma vez eu tenha publicado expressões injustas, embora parecessem ter a aparência de verdade.

D. Pedro: Koseritz, já que tocou no assunto, eu gostaria de aproveitar a ocasião para lhe dizer que o estimo, pois sei que o senhor é um homem esforçado e trabalha pelo bem deste país, mas tenho algo a lhe pedir.

Koseritz: Eu estou ao seu inteiro dispor.

D Pedro: Eu gostaria que não fosse mais injusto comigo. Não penso em levar a mal as críticas sobre os meus atos. As censuras são úteis e necessárias, mas com justiça, porque eu posso errar como qualquer homem. Somente as injustiças pessoais devem ser evitadas, e sei que poderei contar com o seu apoio.

Koseritz: Depois desta nossa ótima conversa, posso assegurar que penso, agora, de modo inteiramente favorável e fico muito feliz de não ter Vossa Majestade como um adversário na imprensa.

D. Pedro: Como disse anteriormente, meu bom jornalista, a imprensa é o melhor corretivo para a imprensa.

O imperador aproximou-se e tocou no ombro do jornalista sorridente.

D. Pedro: Só tenho mais uma pergunta para encerrar esta entrevista: que tal me acompanharem na inspeção a uma fábrica aqui em Petrópolis?

Todos ficaram intrigados com o convite. O imperador, então, explicou, com um sorriso.

D. Pedro: O senhor Lindscheid, dono da Imperial Fábrica de Cerveja Nacional, convidou-me para uma rodada de cerveja, a "Bohemia". Eu não entendo muito desse "ouro líquido", mas imagino que o senhor, como um bom alemão que é, deve ser um grande apreciador. Será que eu estaria errado em pedir ao senhor que me acompanhasse?

Koseritz: De forma alguma, Vossa Majestade! O que estamos esperando?

20. Adeus ao Império

Sem que ninguém percebesse, enquanto D. Pedro e Koseritz se preparavam para o passeio, mais uma vez Caio tinha se afastado, só que, desta vez, na companhia de Carolina. Os dois jovens apreciavam o jardim em volta do palácio, no qual, naquele momento, reinava total silêncio. Carolina curvou-se para perto de uma rosa que a atraíra com sua cor lilás e um doce perfume. Delicadamente, foi fechando os olhos e aos poucos seus lábios foram se aproximando das sedosas pétalas e acariciou-as com ardor.

Caio reparava naquela cena tão terna o mais quieto possível para que pudesse perpetuá-la. Como se estivesse saindo de um transe, a jovem voltou-se para Caio e, com um sorriso, convidou-o para sentir o especial aroma. De olhos atraídos para o rosto radiante de Carolina, ele aproximou-se. E, sem hesitar, deslizou os dedos no rosto macio da jovem, que permaneceu imóvel. Um leve sopro fez uma mecha cair sobre o rosto de Carolina, agora, um pouco ruborizado. Com as costas da mão, Caio afastou os fios dourados e foi aproximando seu rosto ao dela. Aos poucos, o som da folhagem e dos pequenos pássaros envolveu-lhes e, com a ponta de dedos temerosos, Caio acariciou a pele de verdadeira pétala. Foi suave quando os dedos passaram a explorar também o toque daqueles cabelos cacheados... e vagavam sem pressa pelos fios e, em seguida, escorregavam sobre a pele branca do pescoço. Aquele carinho suave fez os pelos dourados dos braços da jovem ficarem arrepiados. Devagar, ela mirou o rosto dele e os seus olhos fixaram os lábios cheios de ardor de Caio, que se aproximavam de modo tímido. Algo a detinha ali, não sabia o que exatamente. Talvez, a curiosidade de desfrutar o sabor daquele doce momento que a fazia se sentir tão indefesa...

Os olhos desejosos da jovem diziam tudo sem piscar. O beijo veio com uma leve pressão nos lábios, mas, aos poucos, tornava-se mais intenso. Crescia o desejo e abria espaço a uma sensação de calor que se alastrava no mais profundo do seu ser. Os pensamentos emudeceram. Foi rápido, foi uma eternidade. O tempo não estava entre eles. Os dois, sem se encararem, recostavam-se um no outro e ficavam a contemplar o nada ao redor. Tudo em volta parecia não mais existir. Mais uma vez, olharam-se, e Carolina, num lance de recato, trouxe à tona seus medos e preocupações do que representava aquele descuido.

Caio, com um sorriso compreensivo, apoiou seus dedos no queixo da jovem aflita e, com suavidade, foi erguendo-o. Sorriu mais uma vez na esperança de animar aqueles olhos verdes que a inquietação não abandonava. Carolina desviou-se da outra prova de carinho e, sem explicação, correu de tudo e de si mesma.

Era a deixa para Caio ir atrás da paixão recém-descoberta, mas uma figura surgiu em seu caminho.

– Você! – seus olhos ficaram surpresos ao reconhecer a mulher que ficara em cima do telhado na noite do assassinato do jornalista Apulcro. Ela, de cabelos castanhos com mecha azul, usando uma roupa verde justa no corpo e óculos escuros, aproximou-se seguida por um homem vestindo um macacão azul-marinho, o sujeito estranho que o salvara do tiro fatal.

– Espero que você esteja bem! – disse a jovem, segurando um medalhão pendurado em seu pescoço para, em seguida, apontá-lo em direção a Caio, enquanto lhe fazia uma espécie de exame da cabeça aos pés.

– Rapaz, você já ficou foi tempo demais! – reclamou um homem com o rosto cheio de sardas, o mesmo que se apresentara como médico, mas, agora, vestia uma túnica branca e usava também uns óculos escuros e espelhados. – Tivemos muito trabalho em segui-lo. Koseritz quase me viu na noite do crime.

– Foi por um piscar! – comentou o sujeito de macacão azul. – E também quase nos pegaram fugindo através da porta temporal lá no museu. Como é difícil pegá-lo, hein, Caio! Nem congelando o tempo a gente conseguiu.

– Que loucura! – disse a jovem. – Bem que poderiam ter nos avisado que a missão era quase impossível.

– Missão! – espantou-se Caio, atordoado. – Que missão? Quem são vocês?

– Meu nome é Cassandra. Somos sentinelas do tempo – a mulher fez uma leve saudação curvando a cabeça. – Fomos enviados para levá-lo para o seu futuro, para o nosso presente – ela, muito descontraída, emendou. – Você tem uma vida agitada demais, não é "salvador" da queda de Dom Pedro II? Quem diria! Mais um pouco, e você mudaria a história, sabia?

– Eu? Que isso!? – Caio ficou encabulado. – E por que devo ir de volta ao futuro? Eu quero ficar.

– Só posso dizer, Zip – respondeu a mulher –, que estão precisando muito de você e, de preferência, vivo.

– E por pouco não morreu – revelou o homem de túnica. – Como vai? Sou Jorge, seu devotado "médico particular" lá no hotel, lembra?

– Para falar a verdade, não. Eu estava tão mal...

– Fui eu quem cuidou da sua febre amarela.

– Nossa, era isso! Eu pensei que fosse uma gripe.

– Eu achei melhor dizer isso depois que percebi que ninguém conhecia sobre o mosquito *Aedes aegypti* e, muito menos, quanto à cura.

– É mesmo. Se o pessoal do hotel soubesse ficariam assustados. Puxa, obrigado, você me salvou!

– Disponha!

– E imaginar que este mosquito ainda vai dar tanto problema no futuro.

– No seu tempo, você quer dizer – corrigiu Jorge. – Não temos mais febre amarela em nossa época.

– Nem a dengue?

– Não. O mosquito *Aedes aegypti* já não nos afeta mais.

– Até que enfim uma boa notícia.

– E teremos mais! – cortou a jovem. – Se você agora deixar-nos completar a missão.

– Não consigo imaginar por que vocês precisam de mim? Não dá pra me deixarem aqui? Eu preciso falar com Carolina.

– Não, de forma alguma. Você, como viajante do tempo, já deveria imaginar que não pode se envolver com ninguém.

– E como você quer que eu saiba disso? Droga, eu não escolhi ser viajante do tempo, sabia?

– Para falar a verdade não sabemos muito como você começou essas viagens, mas agora essa história fica para você contar em outra ocasião. Precisamos levá-lo ao futuro.

– Eu não quero ir! – impôs Caio.

– Rapaz! – bradou o homem de macacão, bem irritado. – Por mim, eu deixaria você na sua época. O que você precisa mesmo é parar de vez com essas viagens. Como podem deixar esse amador solto por aí no tempo? E ainda por cima usando aquela velharia?

– Que velharia? – zangou-se Caio.

– Aquela tetravó das máquinas do tempo que você usa. O que mais poderia ser?

– E o que você queria? – rebateu Caio. – Ela foi a primeira a ser inventada e é claro que não tem a mesma precisão que as do futuro.

– E para piorar, você, como pioneiro, também não tem a mínima ideia de como suas viagens no tempo são arriscadas. Como você dá trabalho, rapazinho, ou seria melhor dizer, vovozinho.

– Deixa isso para lá, Daniel! – cortou o falso médico. – Mas, por falar em tempo, é melhor sairmos logo desta época antes que alguém nos veja.

– Calma, Jorge! – pediu Cassandra, consultando o medalhão. – Agora que estamos todos juntos, não temos mais com o que nos preocupar.

– Mas por que tenho de ir para o futuro? – insistiu Caio. – Eu preciso falar com Carolina. Eu não vou sumir deste jeito. Droga! Por que preciso ir para o futuro justamente agora!

– Acho que somente quando chegarmos lá você saberá de tudo – desconversou Cassandra, segurando o braço do garoto. – Agora, vamos!

– Mas, pessoal – teimou Caio afastando-se de Cassandra –, não dá para vocês adiantarem? O que está acontecendo ou o que vai acontecer? Só falta dizer que vou encontrar os problemas de hoje ainda sem solução no futuro.

– Você quer dizer do passado! – corrigiu Jorge. – Esta aqui não é a sua época.

– São problemas de hoje, sim! Se há uma coisa que percebi é que os problemas desta época ainda persistem na minha época. Eu só espero não encontrar esses mesmos problemas no seu tempo, no meu futuro, Jorge.

– Caio, nós somos viajantes do tempo porque pretendemos manter a linha do tempo de forma correta; e você, pelo que sabemos, faz parte da solução.

– Eu sou a solução? Ah! – riu-se Caio. – Como Einstein me disse uma vez, todos nós somos viajantes do tempo. Toda a humanidade viaja no tempo, mas, para cada um, o tempo passa de forma diferente; e, se é verdade que cabe aos viajantes do tempo resolverem os problemas, então, todos nós devemos fazer a nossa parte da solução.

– Muito bem! – concordou Cassandra, colocando as mãos na cintura. – Belas palavras! Cada um faz a sua parte. Que acha então de deixar a gente fazer a nossa e parar de gastar o nosso tempo?

– Eu só queria falar com Carolina. Isso não é pedir muito.

– Precisamos nos preparar – ignorou Cassandra os pedidos de Caio, assim como o restante do grupo. E, com um aceno de cabeça, a jovem ordenou a Jorge para programar a viagem. De repente, um portal abriu-se através de um holograma acionado por um botão na haste dos óculos espelhados do falso médico. Caio, aborrecido, afastou-se do grupo.

– Venha para cá! – exigiu Jorge. – Já estou no final da operação.

Uma luz foi surgindo, em volta apenas do rapaz arredio, revelando um portal na forma de uma névoa azulada e brilhante. A inesperada luz tornou-se mais intensa e, por um instante, chegou a cegar o grupo que tentava desesperadamente aproximar-se. Caio Zip, então, foi sumindo, tragado para uma nova viagem no tempo, um novo dia, levado para um destino incerto.

BIOGRAFIAS

O IMPERADOR D. PEDRO II

(02.12.1825 – 05.12.1891)

Pedro de Alcântara nasceu em dois de dezembro de 1825. Era o sétimo filho de Dom Pedro I (Dom Pedro IV de Portugal) e da imperatriz Dona Maria Leopoldina. Herdou o direito ao trono brasileiro devido à morte prematura de dois irmãos mais velhos, Dom Miguel (1820-1820) e Dom João Carlos (1821-1822).

Sua infância foi trágica. Ficou órfão de mãe com apenas dois anos de idade, fato que o marcou para sempre, fazendo-o conservar um profundo respeito e até imaginar a mãe como uma figura divina. A partir dos cinco anos, não viu mais o pai, pois D. Pedro I abdicou do trono e partiu para Portugal, enquanto o garoto ficou no Brasil sob tutela, até 1833, de José Bonifácio de Andrade e Silva, notável estadista brasileiro que ficou conhecido como "Patriarca da Independência", e, de 1833 a 1840, de Manuel Inácio de Andrade Souto Maior, o marquês de Itanhaém. Assim, o jovem imperador teve uma educação rígida com os melhores mestres de seu tempo, sendo instruído em inúmeras disciplinas e áreas tão diversas como português, latim, matemática, francês, inglês, alemão, literatura, geografia, ciências naturais, música, dança, pintura, esgrima e equitação.

Assumiu o trono em 1840, antes de completar a maioridade exigida pela Constituição, em virtude da necessidade de dar mais estabilidade política ao Império.

Em 1843, após ver um retrato pintado de sua futura esposa como uma bonita mulher, casou-se por procuração com Dona Teresa Cristina. Quando a imperatriz chegou ao Brasil, Pedro II ficou muito decepcionado. A imperatriz era baixinha, manca e nada bonita. Teve de se conformar, porque os casamentos dos monarcas eram arranjados de acordo com os interesses do Estado e, depois, aprendeu a estimar a imperatriz. Tiveram quatro filhos, mas só sobreviveram Dona Isabel (Princesa Isabel, nascida em 1846) e Dona Leopoldina Teresa (nascida em 1847).

D. Pedro II era extremamente culto, pois tinha paixão pelos estudos e uma curiosidade intelectual muita aguçada. Interessava-se por tudo, do Egito antigo aos Estados Unidos modernos. Lia Homero e Horácio no original. Discursava em grego e latim e, ainda, entendia a língua dos nossos índios (tupi-guarani) e o provençal, língua falada no sudeste da França e noroeste da Itália. Também estudou hebraico e árabe. Seus conhecimentos eram algo incomum, pois gostava de matemática, biologia, química, fisiologia, medicina, economia, política, história, egiptologia, arqueologia, arte, helenismo, fotografia, cosmografia e astronomia.

Nos primeiros anos de seu reinado, D. Pedro II enfrentou diversos conflitos regionais. O conflito mais sério foi a "Revolução Farroupilha", conhecida também como "Guerra dos Farrapos" (1835-1845), no Rio Grande do Sul. Enfrentou também a "Revolta dos Liberais" (1842) e a "Revolta Praieira" (1848-1850). Ao final da primeira década de seu reinado, o país estava finalmente pacificado, mas, em seguida, agravaram-se os conflitos externos.

No período 1851-1852, houve a guerra contra o caudilho argentino Rosas e o uruguaio Oribe. O Uruguai encontrava-se em guerra civil (1843-1852) e os partidários de Oribe faziam frequentes invasões no Rio Grande do Sul. Na Argentina, começava uma guerra civil contra o caudilho Rosas, que tinha um projeto de integrar os territórios da Argentina, Uruguai e Paraguai. O Brasil interveio na guerra civil a favor de Urquiza, rival de Rosas, e de Rivera, rival de Oribe. Em 1852, na Batalha de Monte Caseros, nas cercanias de Buenos Aires, uma força composta por vinte mil argentinos, sob o comando de Urquiza, com o reforço de quatro mil brasileiros, sob o comando de Caxias, e dois mil uruguaios, derrotou Rosas definitivamente.

O imperador também teve de enfrentar uma séria questão diplomática com a Grã-Bretanha, no período 1862-1865, que acarretou o rompimento das relações diplomáticas por iniciativa do Brasil. Tudo foi fruto de alguns incidentes que foram tratados da pior forma possível pelo arrogante embaixador britânico no Brasil, Mr. William D. Christie. Como sua exigência de indenização foi considerada descabida, a Grã-Bretanha enviou poderosa frota para a costa do Brasil. Essa frota, composta pelos mais poderosos navios da época, fez o apresamento de embarcações brasileiras até satisfazer o montante da indenização. Na época, algumas nações poderosas e imperialistas achavam-se no direito de tomar esse tipo de atitude contra nações mais fracas. O Brasil protestou, rompeu relações diplomáticas e recorreu a organismos internacionais, mas, somente em 1865, já com quase um ano de guerra do Paraguai, as relações foram normalizadas, com o pedido de desculpas da Grã-Bretanha.

Em 1864, novamente, surgiram problemas com os vizinhos do sul. Problemas no Uruguai motivaram uma intervenção militar brasileira. Em represália à intervenção do Brasil na guerra civil uruguaia, Solano Lopez, que preparara um grande exército, começou a guerra do Paraguai (1864-1870), vencida pelos aliados Brasil, Argentina e Uruguai.

A primeira agressão de Lopez, em 12.11.1864, foi a apreensão do vapor brasileiro "Marquês de Olinda", que subia o rio Paraguai rumo à província de Mato Grosso, levando a bordo o recém-nomeado presidente da província e outros passageiros. Em seguida, no início do mês de dezembro, a província de Mato Grosso foi invadida.

A seguir, Lopez decidiu invadir também o sul do Brasil. Para isso, pediu permissão à Argentina para atravessar seu território a fim de atacar o Rio Grande do Sul e o Uruguai. Como a Argentina recusou o pedido, pois exigia neutralidade no conflito, em 18 de março de 1865, Lopez declarou guerra à Argentina e invadiu seu território. Em junho de 1865, o exército paraguaio invadia a província do Rio Grande do Sul.

A guerra do Paraguai foi muito prejudicial à economia brasileira e arrasou o Paraguai. Ao final da guerra, o Brasil ficou bastante endividado e houve séria crise financeira que acarretou a quebra de muitos negócios e de alguns bancos, levando-se muitos anos para a economia recuperar-se. Durante a guerra, o exército teve de tornar-se mais profissional, com um grande crescimento e assumindo uma importância na sociedade que antes não tinha.

O historiador Francisco Doratioto conclui de forma convincente em seu livro "Maldita Guerra: Nova História da Guerra do Paraguai", publicado em 2002:

"A Guerra do Paraguai foi fruto das contradições platinas, tendo como razão última a consolidação dos Estados nacionais na região. Essas contradições se cristalizaram em torno da Guerra Civil uruguaia, iniciada com o apoio do governo argentino aos sublevados, na qual o Brasil interveio e o Paraguai também. Contudo, isso não significa que o conflito fosse a única saída para o difícil quadro regional. A guerra era umas das opções possíveis, que acabou por se concretizar, uma vez que interessava a todos os Estados envolvidos. Seus governantes, tendo por bases informações parciais ou falsas do contexto platino e do inimigo em potencial, anteviram um conflito rápido, no qual seus objetivos seriam alcançados com o menor custo possível. Aqui não há 'bandidos' ou 'mocinhos', como quer o revisionismo infantil, mas sim interesses. A guerra era vista por diferentes ópticas: para Solano Lopez era a oportunidade de colocar seu país como potência regional e ter acesso ao mar pelo porto de Montevidéu, graças à aliança com os blancos uruguaios e os federalistas argentinos, representados por Urquiza; para Bartolomeu Mitre era a forma de consolidar o Estado centralizado argentino, eliminando os apoios externos aos federalistas, proporcionado pelos blancos e por Solano Lopez; para os blancos, o apoio militar paraguaio contra argentinos e brasileiros viabilizaria impedir que seus dois vizinhos continuassem a intervir no Uruguai; para o Império, a guerra contra o Paraguai não era esperada, nem desejada, mas, iniciada, pensou-se que a vitória brasileira seria rápida e poria fim ao litígio fronteiriço entre os dois países e às ameaças à livre navegação, e permitiria depor Solano Lopez. [...] Dos erros de análise dos homens de Estado envolvidos nesses acontecimentos, o que maior consequência teve foi o de Solano Lopez, pois seu país viu-se arrasado materialmente no final da guerra. E, recorde-se, foi ele o agressor, ao iniciar a guerra contra o Brasil e, em seguida, com a Argentina".

O reinado de D. Pedro II foi marcado por transformações de ordem social e econômica decisivas para a história do país, como a abolição da escravatura. Em 1872, foi feito o primeiro recenseamento no Brasil, que contava com aproximadamente dez milhões de habitantes, sendo cerca de 1,5 milhão de escravos, o que significava 15% da população, observando-se, no entanto, que a parte da população descendente de escravos e miscigenada era a maioria da população brasileira.

Na época, a economia do país era muito dependente das plantações que utilizavam a mão de obra escrava e, assim, os donos das fazendas constituíam a principal força política. Em razão das características do país, a libertação dos escravos foi sendo feita aos poucos. Se dependesse de D. Pedro II, ele teria libertado todos os escravos do país, pois libertou os seus escravos já no primeiro ano do reinado, em 1840. A escravidão era criticada por D. Pedro II, que dizia:

"A escravidão é uma terrível maldição sobre qualquer nação, mas ela deve, e irá, desaparecer entre nós".

Porém ele não tinha o poder para erradicá-la, assim, aos poucos, foi conseguindo aprovar leis que reduziam a escravidão, tais como a lei que proibia o tráfico negreiro, de 1850, a Lei do Ventre Livre, de 1871, e a lei do sexagenário, de 1885.

A escravidão foi uma terrível mancha na História do Brasil. Uma convincente explicação por ter durado tanto tempo está nas seguintes palavras do historiador e escritor José Murilo de Carvalho:

"*A sociedade estava marcada por valores de hierarquia, de desigualdade; marcada pela ausência dos valores de liberdade e de participação; marcada pela ausência da cidadania.* [...] *Era uma sociedade em que a escravidão como prática, senão como valor, era amplamente aceita. Possuíam escravos não só os barões do açúcar e do café. Possuíam-nos também os pequenos fazendeiros de Minas Gerais, os pequenos comerciantes e burocratas das cidades, os padres seculares e as ordens religiosas. Mais ainda: possuíam-nos os libertos. Negros e mulatos que escapavam da escravidão compravam seu próprio escravo se para tal dispusessem de recursos. A penetração do escravismo ia ainda mais fundo: há casos registrados de escravos que possuíam escravos. O escravismo penetrava na própria cabeça escrava. Se é certo que ninguém no Brasil queria ser escravo, é também certo que muitos aceitavam a ideia de possuir escravo*".

Pode-se inferir que a extinção da escravidão foi decisiva para a queda da monarquia no Brasil. Em 13 de maio de 1888, com o imperador na Europa devido a um problema de saúde, sua filha, Isabel, aboliu de uma vez a escravidão no Brasil, assinando a Lei "Áurea". Foi dita, então, a célebre frase do barão de Cotegipe à princesa Isabel: "*A senhora redimiu uma raça, mas perdeu o trono*". Foram libertados os últimos setecentos mil seres humanos que continuavam na condição de escravos no Brasil.

No governo de Pedro II, foi difícil manter o poder e a ordem frente à crise social, agravada a partir dos anos 1870, quando passou a enfrentar o descontentamento de grupos sociais oposicionistas que pregavam a derrocada da monarquia. Mas D. Pedro II sempre foi muito hábil, pois era o árbitro da vida política brasileira: assegurava a alternância no poder dos dois grandes partidos, liberal e conservador, e assim presidiu 36 diferentes gabinetes de governo, nunca deixando que houvesse uma transição violenta entre eles.

A partir de 1887, quando a sua diabetes se agravou, acarretando outros problemas de saúde, D. Pedro II foi afastando-se do poder. O imperador foi deposto de forma pacífica e sem nenhuma espécie de participação popular no dia 15 de novembro de 1889, por meio de um golpe militar do qual fez parte o Marechal Deodoro da Fonseca, antigo protegido de D. Pedro, que seria o primeiro presidente republicano brasileiro. Embora magoado com algumas pessoas, D. Pedro II aceitou com grande dignidade o golpe, fazendo votos por grandeza e prosperidade ao novo regime.

O imperador e sua família foram exilados, obrigados a partir durante a madrugada, mudaram-se, inicialmente, para Portugal e, a seguir, para França.

D. Pedro II escreveu sua mensagem para o povo brasileiro à véspera de sua partida para o exílio:

"*Cedendo o Império às circunstâncias, resolvo partir com toda a minha família para a Europa amanhã, deixando esta pátria de nós estremecida, à qual me esforcei por dar constantes testemunhos de entranhado amor e dedicação durante quase meio século, em que desempenhei o cargo de chefe de estado. Ausentando-me, eu, com todas as pessoas de minha família, conservarei do Brasil a mais saudosa lembrança, fazendo votos por sua grandeza e prosperidade*".

Mesmo no exílio, D. Pedro II continuou a contribuir para a cultura nacional por meio da doação de sua coleção particular de documentos, fotografias e peças de arte.

D. Pedro II gostava de escrever poesias e impressões de suas viagens. No exílio, morria de saudades do Brasil, como se pode notar nessa poesia que fez longe da pátria:

TERRA DO BRASIL

Espavorida agita-se a criança,
De noturnos fantasmas com receio,
Mas se abrigo lhe dá materno seio,
Fecha os doridos olhos e descansa.
Perdida é para mim toda a esperança
De volver ao Brasil; de lá me veio
Um pugilo de terra; e neste creio
Brando será meu sono e sem tardança...
Qual o infante a dormir em peito amigo,
Tristes sombras varrendo da memória,
ó doce Pátria, sonharei contigo!
E entre visões de paz, de luz, de glória,
Sereno aguardarei no meu jazigo
A justiça de Deus na voz da história!

Pedro de Alcântara faleceu em Paris, no dia 5 de dezembro de 1891, no quarto número 18 do Hotel Bedford, um hotel sem luxo. Antes, pediu um travesseiro onde havia terra brasileira para servir de apoio a sua cabeça.

Foram-lhe prestadas honras pela república francesa e por representantes das grandes repúblicas e de casas reais do mundo inteiro.

Acabava uma época de total liberdade de imprensa no Brasil, pois a mal começara a república, implantada sem participação popular por um golpe militar, os novos governantes adotaram a censura, prisões arbitrárias e fuzilamentos. Foi a época da mais aguda crise econômica que o país já passou, com queda do Produto Interno Bruto – PIB calculada em 7,5% no governo Floriano Peixoto, e também a época de milhares de mortes em revoltas e fuzilamentos sumários, culminando com a intolerância e violência do governo que levou ao massacre de 25.000 pessoas em Canudos nos anos 1896 e 1897.

Por isso, quando Rojas Paul, presidente da Venezuela, soube da queda da monarquia brasileira, exclamou triste e profeticamente:

"Este é o fim da única república que jamais existiu na América do Sul".

O jornalista republicano José Veríssimo escreveu no Jornal do Brasil, em 8 de dezembro de 1891:

"Neste País, todos os que têm a honra de empunhar uma pena convencida e honesta, por modesta que seja, reconhecerão que jamais, durante o longo reinado, tiveram que deixá-la cair por falta de liberdade, ou sequer de iludir ou velar o seu pensamento. Todos pensávamos como queríamos, e dizíamos o que pensávamos".

O eminente republicano Rui Barbosa discursou no Senado, 25 anos depois da proclamação da república, as palavras mais lindas já proferidas sobre D. Pedro II:

"De tanto ver triunfar as nulidades, de tanto ver prosperar a desonra, de tanto ver crescer a injustiça, de tanto ver agigantarem-se os poderes nas mãos dos maus, o homem chega a desanimar de virtude, a rir-se da honra, a ter vergonha de ser honesto. Essa foi a obra da República nos últimos anos. No outro regime, (a Monarquia) o homem que tinha certa nódoa em sua vida era um homem perdido para todo o sempre – as carreiras políticas lhe estavam fechadas. Havia uma sentinela vigilante (Dom Pedro II), de cuja severidade todos se temiam e que, acesa no alto, guardava a redondeza, como um farol que não se apaga, em proveito da honra, da justiça e da moralidade".

Hoje, os historiadores são unânimes em apontar que muito se deve a D. Pedro II a unidade territorial do Brasil e o estabelecimento das bases de um sistema representativo, graças à ininterrupta realização de eleições em um ambiente de total liberdade de imprensa.

Em 1920, foi revogada a lei do banimento que impedia até mesmo o retorno de seus restos mortais ao Brasil. Em 1921, o Conde D'Eu retornou ao Brasil para trazer os restos mortais do casal de imperadores para serem depositados na Catedral do Rio de Janeiro; depois, foram transferidos para a Catedral de Petrópolis (1925) e definitivamente enterrados em 1939.

CARL VON KOSERITZ

(03.02.1830 – 30.05.1890)

Carl (ou Karl) Julius Christian Adalbert Heinrich Ferdinand von Koseritz, ou Carlos Koseritz, como gostava de ser chamado, nasceu em 7 de junho de 1830, em Dessau, capital do ducado de Anhalt, Alemanha. Escritor, jornalista e político, patrono da cadeira nº 2 da Academia Rio-Grandense de Letras, Koseritz lutou pela abolição da escravatura e destacou-se na defesa dos direitos dos imigrantes, transformando-se na principal personalidade da colônia alemã do sul do Brasil, no século XIX.

Ainda adolescente, começou a demonstrar seu espírito indômito ao participar, em Berlim, de uma barricada a favor de uma Constituição para a Prússia. Aos quinze anos, alistou-se como soldado mercenário para lutar nas batalhas entre os condados da Dinamarca. Seu pai, o major e barão Karl von Koseritz, internou o agitado rapaz no Ginásio de Wittenberg, mas isso não foi o suficiente para domá-lo.

Em 1850, movido pelo espírito de aventura e pela ideia de desbravar uma região exótica, decide embarcar para o Brasil, como grumete do veleiro *Heinrich*, aqui chegando em 1851, com 21 anos. O veleiro transportava parte dos 1.800 soldados mercenários alemães contratados pelo Governo Imperial brasileiro para lutar na campanha contra Juan Manoel Rosas, ditador da Argentina. Esses mercenários eram conhecidos como os *Brummers* (resmungões). Logo que chegou ao Brasil, Koseritz decidiu deixar o veleiro e integrou-se à legião, indo para o Rio Grande do Sul, onde ficou alojado em um quartel em Pelotas. No Sul, a maior parte dos mercenários alemães desertou com a conivência das próprias autoridades, principalmente por falta de pagamento, pois custava muito manter aquela tropa de 1.800 homens. Assim, Koseritz saiu da legião antes de jurar à bandeira e receber qualquer pagamento. Apenas 450 aguardaram o término do contrato engajados no exército.

O início de Koseritz no Brasil foi muito difícil, vivendo sem rumo e sem dinheiro, acabou ficando doente, sendo internado como indigente na Santa Casa de Misericórdia, em Pelotas. Finalmente restabelecido, regularizou sua situação no país, dedicou-se a aprender português e trabalhou como cozinheiro, jornaleiro e guarda-livros até tornar-se professor particular na propriedade de um estancieiro. Casou-se com a filha do estancieiro, Zeferina Barbosa, e teve quatro filhas, entre elas, a sua preferida, companheira inseparável, Carolina Koseritz.

Koseritz foi tão influente no Sul, em sua época, que mereceu diversas referências no livro "O Continente" da trilogia "O Tempo e o Vento", de Érico Veríssimo. Em uma passagem do livro, Veríssimo relata que Carl Winter, médico alemão, conheceu Koseritz na seguinte situação:

"Foi lá que um dia, fazendo sua visita matinal aos doentes, encontrou deitado num daqueles catres sujos e malcheirosos, num contraste com as caras tostadas dos nativos, um homem louro, extremamente jovem, e de aspecto europeu. Deteve-se, interrogou-o e verificou que se tratava de um alemão que viera com as tropas mercenárias que o governo brasileiro havia contratado para lutar contra os soldados do ditador Rosas. E o pasmo do Winter chegou ao auge quando o moço lhe declarou chamar-se Carl von Koseritz e ser descendente duma família nobre do ducado de Anhalt. Foi, pois, com uma mistura de surpresa e ceticismo que o médico ouviu aquele homem de feições finas, ali estendido num sórdido leito de hospital de indigentes, contar-lhe que seu irmão Kurt fora ministro do duque e sua irmã Tony, dama de honor da duquesa. – Mas como foi que veio parar neste país, nesta cidade, neste hospital? – Fui renegado pela minha família – sorriu o moço. O médico ia perguntar: "Por quê?" – mas conteve-se a tempo, era uma pergunta indiscreta. Talvez o rapaz houvesse falsificado a firma do pai em alguma letra para pagar dívidas de jogo... Ou então, amante de alguma condessa, tivesse sido obrigado a matar o conde num duelo... Von Koseritz, porém, apressou-se a explicar que, sendo estudante em Berlim, se metera, contra a von-

tade dos pais, na revolução de 48. E acrescentou: – E já que estava em ritmo de guerra, achei melhor vir para cá com os "Brummers" para lutar contra o tirano Rosas. Sabe o que eu era? perguntou a sorrir com malícia. – Canhoneiro do 2° Regimento de Artilharia! – Suspirou. – Mas aconteceu que a tropa se insubordinou e foi dissolvida. Assim um dia me vi doente e sem recursos nesta cidade estranha. Eis a minha história. Winter olhava para o outro numa confusão de sentimentos. Tudo aquilo lhe cheirava vagamente a ópera-bufa. O rapaz, porém, lhe mostrou os documentos comprobatórios de sua identidade. Tinha um belo nome: Carlos Júlio Cristiano Adalberto von Koseritz. Nascera em 1830: estava portanto com apenas vinte e um anos! – E agora? – perguntou Winter. – Que vai fazer depois que der alta do hospital? – Ficar nesta província. – E plantar batatas como nossos compatriotas de São Leopoldo? – Não. Abrir uma escola e ensinar; fundar um jornal e escrever... – Mas como, se nesta terra se fala o português? – Dentro de pouco tempo estarei habilitado a escrever nessa língua tão bem como na minha. Era assombrosa a certeza que aquele moço tinha de seu futuro. – E sabe duma coisa, doutor? – perguntou Von Koseritz, passando os dedos pela barba loura que lhe cobria o rosto – talvez eu ainda venha a me naturalizar brasileiro... – Mas... e sua família? O outro Carl deu de ombros. – Um dia eles vão compreender que não precisei de seu nome nem de seu auxílio para abrir caminho na vida".

Em 1864, Koseritz transferiu-se com sua família para Porto Alegre, onde editou vários jornais, empenhando-se na política de imigração e na adaptação dos imigrantes ao cotidiano da província.

Colaborou com os jornais "Rio Grandense", "A Reforma" e "Jornal do Commercio". Sua vida na imprensa foi extensa, pois ele ajudou a fundar vários jornais, especialmente "A Gazeta de Porto Alegre" e, em 1881, o "*Koseritz Deutsche Zeitung*" (jornal alemão de Koseritz), que se tornou o verdadeiro órgão de expressão do pensamento e das reivindicações dos imigrantes alemães do sul do Brasil.

Em 1883, Koseritz foi eleito deputado da Assembleia Provincial. Destacou-se como orador e tornou-se o principal representante dos imigrantes alemães. Nesse mesmo ano, viajou para a capital do Império, onde foi recebido pelo imperador D. Pedro II. Nessas ocasiões, sempre tinha a preocupação de relatar as condições de vida em que se encontravam os imigrantes alemães no sul e sempre defendia que fosse estimulada a imigração de pessoas livres, que trouxessem consigo a semente do progresso para ser plantada na agricultura, na indústria e no comércio. Queria a imigração de pessoas que pudessem desenvolver o país que aprendera a amar como a sua pátria.

Essa viagem foi descrita com todos os detalhes pelo jornalista, que tinha ido ao Rio de Janeiro como deputado provincial, em crônicas no seu jornal "*Koseritz Deutsche Zeitung*". Mais tarde, essas crônicas ajudaram a formar o livro "*Bilder aus Brasilien*", editado na Alemanha, em 1885, e traduzido para o português por Afonso Arinos de Mello Franco, com o título "Imagens do Brasil", em 1941. Esse livro relata com grande riqueza os costumes e as preocupações políticas e sociais da época. Contém descrições valiosas das cidades do Rio de Janeiro, de Petrópolis e de São Paulo.

Abolicionista convicto, logo que se casou, Koseritz libertou os escravos trazidos como dote do casamento com Zeferina Barbosa. Engajou-se muito na abolição da escravatura, ao lado da filha Carolina, contribuindo para que, em 1884, Porto Alegre se tornasse uma das primeiras cidades a libertar seus escravos.

Koseritz lutou com todo vigor em prol da imigração europeia para o Brasil. Queria, todavia, imigrantes colonos e não braços para as lavouras dos latifundiários. Pretendia estender a todo o Brasil o benefício da propriedade convenientemente parcelada, como já se via no sul do país.

Dono de um saber enciclopédico, Koseritz publicou cerca de trinta obras, nas mais diferentes áreas de interesse, consistindo de romances, poesias, livros de viagens, ensaios, estudos de geografia, história, antropologia, etnologia, linguística, economia e filosofia. Seus artigos na imprensa de língua alemã fizeram-no o líder político mais importante dos alemães e seus descendentes no sul do país.

Koseritz se interessava muito pelos temas econômicos e foi influenciado pelas obras dos maiores economistas do século XIX. Em 1870, publicou seu livro "Resumo de Economia Nacional, especialmente aplicado às circunstâncias atuais do país", um dos primeiros livros de economia do Brasil, em que adaptava as ideias daqueles grandes economistas às condições brasileiras. Nesse livro, Koseritz mostra-se adepto do pensamento liberal favorável aos princípios do livre mercado, mas com adaptações, pois admitia que o Estado interviesse na economia e incentivasse temporariamente indústrias nascentes. Acreditava que o próprio Estado deveria desenvolver certas atividades industriais no país, mas tão logo a iniciativa privada estivesse em condições de assumir, o Estado deveria retirar-se, pois não poderia produzir de forma tão eficiente como a iniciativa privada. O ponto fundamental para Koseritz, o essencial para a economia brasileira, seria a constituição de um sistema financeiro nacional que apoiasse a produção com crédito amplo e barato, e essa deveria ser a principal preocupação do governo. Conciliava, assim, os princípios liberais com a ideia de um Estado indutor do desenvolvimento econômico nacional.

Koseritz era dono de um temperamento irrequieto e impulsivo que lhe trouxe inimigos. Lutou com paixão contra os privilégios injustos dos ricos e poderosos. Foi amigo de grandes intelectuais como Tobias Barreto, Graciano Azambuja, Argymiro Galvão e outros. Era muito amigo e admirava Sílvio Romero, que escreveu em seu livro "A Poesia no Brasil", de 1888, sobre Koseritz:

"Ao ultimar os capítulos deste livro, que se referem aos autores que se ocuparam com a nossa poesia popular, não podemos calar o nome de distinto escritor alemão-brasileiro Carlos de Koseritz, o ilustre jornalista que tem posto a sua província em contato com as principais questões de nossa época, científicas, filosóficas, literárias, econômicas, religiosas, políticas, todas têm sido discutidas em Porto Alegre, por este infatigável trabalhador."

Apesar de em sua juventude ter lutado em revoluções sociais, Koseritz era favorável à monarquia de D. Pedro II. Mas suas razões eram fundamentadas na admiração que tinha pelas qualidades pessoais de D. Pedro II e da família imperial, no fato de achar necessário o poder moderador do imperador na política e, sobretudo, porque acreditava que o Brasil ainda não estava preparado para a implantação de uma república.

Após a Proclamação da República, apesar de Koseritz ter se pronunciado pela paz e de estar recolhido à chácara de um amigo, a polícia enviou doze homens para mantê-lo incomunicável. Se houvesse a menor reação, Koseritz seria fuzilado. Assim, por ser favorável a D. Pedro II, a 14 de maio de 1890, foi preso e humilhado diante das filhas e esposa. Passou oito dias em prisão domiciliar, com guardas armados dentro de sua casa, com a vida em risco. Uma semana após o término de sua prisão, sentiu uma dor muito forte no peito, chamou pela filha adorada e caiu no chão, vítima de um súbito ataque cardíaco, consequência da terrível pressão em que se encontrava.

Trechos de cartas de Koseritz em São Paulo, após a visita ao Rio de Janeiro *(7 e 9.11.1883)*

Continuo na descrição de São Paulo. Aquele triângulo (ruas São Bento, Direita e Imperatriz), de que falei na minha última carta, forma a parte mais animada da cidade, o local de passeio dos estudantes e o ponto de encontro de todas as personalidades de marca. Quem passa pelo meio-dia ou à tarde nas três ruas encontra todos os seus conhecidos, e se falhar algum então vai-se pelos estreitos becos até o largo do Rosário, de onde partem os bondes, e no "Café Java", ou diante dele, encontrará quem procura. São Paulo tem um bem organizado sistema de bondes. [...] A cidade tem água abundante e é iluminada a gás. É calçada em quase toda a extensão, mas somente nas ruas principais o calçamento é a paralelepípedos, como no Rio. O resto é ainda com pedras irregulares e as calçadas laterais são de grandes lajes de granito. Nas ruas daqui há mais ou menos tanta vida quanto em Porto Alegre, somente se vê mais óculos e "pince-nez", pois mais de 1.000 estudantes tornam insegura a cidade e no mínimo 800 deles usam semelhantes instrumentos. Em todas as praças há carros de aluguel e também se veem muitas belas carruagens particulares, atreladas em excelentes meios-sangues, porque os habitantes da rica São Paulo apreciam muito os cavalos de raça, coisa em que estão fazendo inveja aos rio-grandenses. Uma particularidade de São Paulo: parece que os paulistas eram em geral idealistas, pois deram nomes curiosos a partes de sua cidade. Assim o lugar mais solitário da zona nova se chama "Campos Elíseos" e uma pequena ilha no ribeirão Inhangabaí, onde está o quartel general das lavadeiras, se chama "Ilha dos Amores"! O cemitério está na Consolação e a cadeia na Liberdade... Mas basta com isto. São Paulo é uma bela cidade, e sobretudo muito capaz de se expandir, pois ainda lhe resta dez vezes o espaço que atualmente está coberto por casas. E isto é uma grande vantagem. A continuação da Rua de São Bento, na qual se acha a escola alemã, é uma rua larga e bonita, onde estão as principais fábricas: as grandes fiações de algodão dos Srs. Major Diogo de Barros e Kawarik, a importante tipografia do Sr. George Seckler, a considerável fábrica de carros do Sr. Messenberg, etc. São Paulo possui 4 estações e isto é a particularidade que mais me fez inveja. A estação do Norte, pela qual chegamos, fica no Braz, e na sua vizinhança fica a estação do Braz, que serve à estrada inglesa de São Paulo a Santos. Nas proximidades do Jardim Público, que é uma verdadeira joia da cidade, fica a estação da Luz, também da estrada inglesa, e perto está a estação Sorocabana. [...] Hoje de manhã fui convidado por alguns estudantes rio-grandenses (Srs. Abílio, Pacheco Prates e Alves Pereira), a visitar a Academia que se encontra no antigo convento de São Francisco, no início da Rua de São Bento. É um grande e majestoso edifício, com grandes portais, claustros, etc... um convento que pode ter abrigado muitas centenas de monges. Depois de ter vindo às mãos do Estado foi ali instalada a Academia. Todo velho edifício parece em ruínas, e dá uma impressão de sujeira e abandono maior do que a que deve ser permitida pelas autoridades. Não foi, no entanto, com pequeno interesse que entrei no pátio repleto de estudantes (é tempo de exames), e me encontrei, assim, no viveiro deste bacharelismo que tem dominado o Brasil desde a independência. O diploma de "bacharel em direito" (o doutorado é feito apenas pelos que desejam seguir a carreira do ensino superior) é hoje a chave para todas as posições da vida pública e o único que serve completamente para a carreira política. Daí provém o fato de terem recebido preparação científica nas sujas salas do convento de São Francisco os maiores talentos do Brasil, e a lembrança de Felix da Cunha, Álvares de Azevedo, Fagundes Varela e tantos outros, parece viver ainda, ali, para o visitante. O velho convento está, como já disse, arruinado e sujo; os pátios se acham cobertos de capim; o calçamento do claustro está estragado, as janelas frequentemente arrebentadas. Nas salas de aula a coisa não é melhor. Paredes sujas (que há anos não são caiadas), velhas cátedras, bancos e carteiras igualmente não envernizados, espalhados e dispersos em todas as direções. É em tal ambiente que os futuros homens de estado do Brasil recebem a sua instrução. No claustro e no grande pátio formigavam os estudantes e em breve vários rio-grandenses se aproximaram de mim. Aqui ou ali aparecia um candidato ao bacharelado vestido de casaca e um ou outro professor com a sua beca. A maior parte dos jovens mostrava, porém o tipo alegre e despreocupado do estudante brasileiro, com fisionomia inteligente, jeito familiar, boas maneiras e "pince-nez" no nariz. [...]

CAROLINA VON KOSERITZ

(1865-1922)

Filha do jornalista imigrante alemão Carlos von Koseritz e da estancieira Zeferina Barbosa, Carolina tinha três irmãs: Adelaide, Zelinda e Zeferina. Herdou do pai o gosto pelas letras, o que a fez ser a mais próxima dele entre as quatro filhas. Muito jovem começou a secretariar seu pai, ao mesmo tempo em que estreava com seus contos, poesias e traduções.

A família Koseritz viajou para o Rio de Janeiro no período de abril a julho de 1883, ocasião em que Carolina teve a oportunidade de conhecer o mundo intelectual da capital do Império.

Ao final de 1883, com dezoito anos, publicou seu primeiro trabalho, que lhe rendeu muitos elogios da crítica da época. Traduziu obras de Langfellow, Turgueniev, Charles Dickens e Lord Byron.

Muito envolvida com a problemática social da época, Carolina participou ativamente do movimento abolicionista em Porto Alegre. Tudo que ganhava com seus trabalhos literários era doado para a alforria de escravos. Em seus trabalhos literários, estavam presentes os problemas sociais, o amor à natureza, os costumes, o amor e a paixão.

É autora de diversos contos, poesias e crônicas. Faleceu em Porto Alegre, em 1922. A seu pedido, foi sepultada com os seus trabalhos inéditos. Por ser considerada uma mulher de destaque no campo literário, foi escolhida patrona da cadeira nº 15 da Academia Literária Feminina do Rio Grande do Sul.

A seguir, trecho de um dos trabalhos mais conhecidos de Carolina, o conto "A Vingança das Flores", publicado em 1886, no Jornal do Commércio.

A Vingança das Flores

"Uma a uma, as estranhas figuras rodeavam o leito em que estava reclinada a donzela, e de novo se repetem em murmúrios, que lentamente alteiam-se e formam o seguinte coro:

Donzela, cruel donzela, por que nos arrebataste do jardim em que tão felizes éramos?

Nascemos, crescemos na liberdade e aos fecundos beijos da brisa um a um desabrocharam nossos botões.

Quão belas eram as manhãs de então, quando ao romper da aurora, o Zéfiro em nossos seios depunha seus inebriantes beijos;

Quando sob o ardor dos benéficos raios do sol languidamente nos inclinávamos, para após recuperarmos novo viço e brilho;

Quando uma a uma as diamantinas gotas do rocio sobre nossas pétalas tombavam!

Oh! Quão bela era a vida então... e tu, criança cruel, por um capricho nos roubaste toda a alegria, toda a felicidade, para fenecermos longe de tudo que amávamos, morremos mais belas se nos antolhava a vida, morremos longe da terra, nossa mãe querida e comum".

Leitura Altamente Recomendada

- Imagens do Brasil – de Carl von Koseritz. Livraria Martins Editora. Título original "*Bilder aus Brasilien*", editado na Alemanha em 1885.
- Karl von Koseritz – de José Fernando Carneiro. Porto Alegre, Instituto Estadual do Livro, 1959.
- Karl von Koseritz – Seleção de Textos – nº4 – Pensadores Gaúchos – EDIPUCRS – de René Gertz (org.)
- D. Pedro II – de José Murilo de Carvalho, Companhia das Letras, 2007.
- D. Pedro II: Memórias Imaginárias do Último imperador – de Jean Soublin. Editora Paz e Terra S.A., 1996. Título original "*Je suis l'Empereur du Brésil*".
- Império à Deriva – A Corte Portuguesa no Rio de Janeiro, 1808-1821 – de Patrick Wilcken – Editora Objetiva, 2005. Título original "*Empire Adrift*"
- Maldita Guerra: Nova História da Guerra do Paraguai – de Francisco Doratioto. Companhia das Letras, 2002.
- *The War In Paraguay: With A Historical Sketch Of The Country And Its People And Notes Upon The Military Engineering Of The War* – de GeorgeThompson – 1869, Longmans, Green, and Co. – acessível pelo site http://openlibrary.org
- História da Guerra do Paraguai – de Max von Versen, Livraria Itatiaia Editora Ltda. com a colaboração da Universidade de São Paulo, 1976.
- *Letters from the battle-fields of Paraguay* – de Richard F. Burton – 1870, Tinsley Brothers (London), acessível pelo site http://openlibrary.org
- Mauá, Empresário do Império – de Jorge Caldeira, Cia das Letras, 1995.
- Barão de Mauá: o empreendedor – de Gilberto Maringoni, AORI, 2007
- A África explicada aos meus filhos – de Alberto da Costa e Silva, editora AGIR, 2008, 1ª ed.

Os autores

REGINA GONÇALVES é graduada em Matemática e pós-graduada em Análise de Sistemas. **REGIS L. A. ROSA** é graduado em engenharia e pós-graduado em marketing, economia e finanças. Regis e Regina são apaixonados por Arte, Ciência e História Mundial, paixão que os levou a serem os autores da série de livros "Caio Zip, o Viajante do Tempo", que tem muita aventura, mistério, desafios e diversão.

www.ingramcontent.com/pod-product-compliance
Lightning Source LLC
LaVergne TN
LVHW101942220826
846093LV00006B/90

* 9 7 8 8 5 6 3 3 8 2 6 3 4 *